AI 造课：
用 DeepSeek 快速开发好课程

邓世超 著

机械工业出版社

本书旨在指导读者利用 AI 技术提升课程开发的效率与质量，主要面向企业内训师、讲师及课程开发者。书中详细阐述了用 AI 辅助课程开发相较于传统课程开发的优势，重点介绍了适合课程开发的 AI 工具 DeepSeek 和 Kimi，通过"七步成师"模型全面展示并解析了课程开发的七个关键步骤，同时提供了利用 AI 技术优化课程的具体方法。本书不仅能够帮助读者掌握课程开发的系统方法，还能提升课程的吸引力和竞争力。

图书在版编目（CIP）数据

AI 造课：用 DeepSeek 快速开发好课程 / 邓世超著.
北京：机械工业出版社，2025.4. -- ISBN 978-7-111
-77991-9
I. G423-39
中国国家版本馆 CIP 数据核字第 2025W3M042 号

机械工业出版社（北京市百万庄大街22号　邮政编码100037）
策划编辑：梁一鹏　　　　　　　　责任编辑：梁一鹏
责任校对：王荣庆　李　杉　　　　责任印制：刘　媛
三河市宏达印刷有限公司印刷
2025年5月第1版第1次印刷
169mm×239mm・11.75印张・169千字
标准书号：ISBN 978-7-111-77991-9
定价：68.00元

电话服务　　　　　　　　　　网络服务
客服电话：010-88361066　　　机　工　官　网：www.cmpbook.com
　　　　　010-88379833　　　机　工　官　博：weibo.com/cmp1952
　　　　　010-68326294　　　金　书　网：www.golden-book.com
封底无防伪标均为盗版　　　　机工教育服务网：www.cmpedu.com

推荐序

玩转AI，打造精品课程新纪元

我认为，在这个知识爆炸的时代，如何高效地开发与传授精品课程，成为每一位企业内训师面临的重大挑战。当拿到邓世超老师的这本书稿时，我深感其内容的独到与实用，不禁为之动容。

邓老师以其丰富的培训经验和敏锐的科技洞察力，将AI技术与课程开发巧妙结合，为我们打开了一扇全新的大门。书中详细阐述了AI在课程开发中的七大关键步骤，特别是关于DeepSeek等工具的使用，从明确主题到搭建结构，再到选择教法、搜集素材、制作课件、设计手册，直至包装课程，每一步都充满了智慧与创意。

我觉得，特别值得一提的是，邓老师不仅介绍了AI在课程开发中的具体应用，还深入剖析了传统课程开发的不足，让我们看到了AI技术的巨大优势。这种对比与融合，无疑为我们的教学实践提供了更为广阔的视野和更为丰富的手段。

我深知，作为一名职业培训师，教学经验的积累固然重要，但紧跟时代步伐，掌握先进技术同样不可或缺。随着DeepSeek

等 AI 工具的广泛应用，邓老师的这本书，为我们培训师提供了一次难得的学习机会。

我推荐，无论是初涉职业培训领域的新手，还是经验丰富的老将，都能从这本书中汲取宝贵的营养。希望每一位热爱职业培训、追求卓越的培训工作者，都能用科技的力量点亮知识的火花，照亮学员的成长之路。

——杜杰 20 年 TTT 职业培训老兵

目 录

推荐序

第一章 AI 让课程开发更有方法 ················· 1
　一、企业内训师、讲师学习课程开发有哪些好处 ········· 1
　二、AI 辅助课程开发的四大优势 ················ 2
　三、哪些 AI 工具适合做课程开发 ················ 4
　四、"七步成师"模型：课程开发的七个关键步骤 ········ 8
　五、AI 辅助课程开发的"七步成师"模型 ············ 10

第二章 明确主题：让课程开发更有方向 ············ 13
　一、明确主题的三大作用 ····················· 13
　二、课程开发的两种思维 ····················· 13
　三、"三度法"明确课程开发的主题 ················ 15
　四、"三定法"明确课程开发主题 ················· 25

第三章 搭建结构：让课程内容更有逻辑 ············ 32
　一、选择结构：课程结构的四大要求 ··············· 36
　二、萃取大纲："道、法、术、器"模型 ············· 43
　三、生成内容：AI 辅助快速生成课程结构和内容的四个步骤 ···46
　四、优化内容：进一步细化和优化课程内容 ··········· 56

第四章　选择教法：让课程教学更有效果 ··· 62
一、明确原则：教学方法选择的四大原则 ··· 63
二、了解方法：十种常见的教学方法 ··· 69
三、区分内容：课程中三种学习内容 ··· 82
四、选择教法：如何用 AI 快速选择教学方法 ······································ 85

第五章　搜集素材：让课程讲解更有吸引 ··· 88
一、优秀课程逻辑与面条理论 ·· 88
二、常见的十种培训素材 ··· 90
三、素材搜集的四种途径 ··· 92
四、用 AI 搜集素材实战解析 ·· 94

第六章　制作课件：让课程产出更有成果 ··· 113
一、制作 PPT 课件的重要性 ·· 113
二、用传统方式制作 PPT 与用 AI 制作 PPT 的异同点 ························ 114
三、如何用 AI 高效制作 PPT 课件 ··· 116
四、课程的明暗线设计 ··· 129

第七章　设计手册：让课程体系更有系统 ··· 131
一、设计教学手册的好处 ··· 131
二、如何设计讲师手册 ··· 132
三、如何设计学员手册 ··· 146

第八章　包装课程：让课程未来更有市场 ··· 150
一、课程名称的包装 ··· 150
二、课程结构的包装 ··· 155

后记 ·· 176

参考文献 ·· 179

第一章
AI 让课程开发更有方法

一、企业内训师、讲师学习课程开发有哪些好处

当企业内训师和讲师学习课程开发时,他们将获得许多好处,这些好处将有助于提升他们的专业水平和培训质量。

1. 设计有针对性的培训课程

学习课程开发帮助内训师和讲师更好地理解学员的需求,使他们能够设计更具针对性和实际应用的培训课程。

例如:如果企业发现员工在沟通技能方面存在挑战,内训师学习课程开发后可以设计一门专注于提升沟通技能的培训课程,以满足员工的需求。

2. 增强教学技能和方法

通过学习课程开发,内训师和讲师可以提高他们的教学技能,包括设计吸引人的教学材料和采用多样化的教学方法。

例如:讲师学习如何使用案例分析、小组讨论和实际操作来促进学员的互动和参与,从而提升培训效果。

3. 制定清晰的学习目标

学习课程开发有助于内训师和讲师制定明确、可测量的学习目标,确保培训与组织目标一致。

例如:内训师学习如何制定 SMART 目标,从而能够明确员工在培训后应该具备的特定技能和知识。

4. 个性化学习体验

通过学习课程开发，内训师和讲师可以了解如何根据学员的不同学习风格和需求，提供个性化的学习体验。

例如：内训师可以学习如何巧妙地结合在线学习资源、面对面培训和实际项目，以满足员工不同的学习偏好。

5. 评估培训效果和进行改进

学习课程开发使内训师和讲师能够学到如何设计有效的评估方法，以及如何根据评估结果进行培训的改进。

例如：讲师学习如何设计问卷、考试和实际项目评估，以便能够衡量学员在培训后的掌握程度，并根据反馈调整教学方法。

通过这些学习，内训师和讲师将能够提高他们的专业水平，更好地满足学员的需求，提升培训的实效性和质量。

二、AI 辅助课程开发的四大优势

在培训与教育技术领域，人工智能（AI）正以其独特的优势，引领着课程开发的新潮流。与传统课程开发相比，AI 辅助课程开发在多个方面展现出了其革命性的优势，这些优势不仅改变了培训的面貌，也为学习者和教育培训工作者带来了前所未有的便利，如图 1-1 所示。

课程开发的2种类型	开发难度	开发周期	开发效果	开发成本
课程开发 AI辅助	更简单 通过提问，就可以轻松获得全球数据库中有效知识和有效经验，而且还是显性经验	更快速 用AI快速生成大纲和课程内容、教学设计、PPT课件，再结合实际工作经验，2天快速成课	更有效 AI不停地学习全球优秀经验，不停地迭代，海量方法得到验证	更节约 节省培训成本+节省学员时间成本
课程开发 经验萃取	更复杂 需要先萃取业务专家的经验，然后再开发课程，把隐性经验显性化，显性经验结构化	更耗时 需要经过调研、立项、访谈、萃取、制作课件等一系列过程，至少要花费1周	更易错 对经验萃取师、业务专家和课程开发师要求较高，课程质量参差不齐	更昂贵 人力成本和时间成本高：需要经验萃取师、业务专家和课程开发师脱产参与、密切配合

图 1-1 AI 辅助课程开发的四大优势

优势一：开发难度的降低

AI 辅助课程开发极大地降低了课程开发的技术门槛。教育培训者可以通过简单的提问，利用 AI 快速生成课程大纲、内容、教学方法、素材、PPT 等，这一过程无须深厚的技术背景和编程知识。相比之下，传统课程开发需要先萃取业务专家的经验，然后再开发课程，把隐性经验显性化，显性经验结构化，这无疑增加了开发难度。

优势二：开发周期的缩短

AI 辅助课程开发能够在短时间内完成课程的构建。通过 AI 的辅助，教育培训者可以在 2 天内快速成课，这一速度远远超过了传统课程开发所需的 1 周。AI 系统能够不断学习全球优秀经验，不停地迭代，海量方法得到验证，从而大幅度缩短了课程从构思到成型的时间。

优势三：开发效果的提升

AI 辅助课程开发的效果体现在其持续的学习和迭代能力上。AI 系统能够不断吸收全球数据库中的有效知识和经验，并结合实际工作经验，使得课程内容始终最新。这种自我优化的能力，使得 AI 辅助开发的课程在质量上具有持续提升的潜力，而传统课程开发往往在完成后难以进行大规模的更新和改进。

优势四：开发成本的节约

AI 辅助课程开发在成本控制方面具有显著优势。它通过减少对人力的依赖，节省了培训成本和学员的时间成本。此外，AI 辅助课程开发不需要大量的经验萃取师、业务专家和课程开发师的长时间脱产参与，只需一个课程开发师参与，从而进一步降低了人力成本和时间成本。相比之下，传统课程开发在人力和时间上的投入较高，且课程质量容易参差不齐。

AI 辅助课程开发以其简化的开发流程、简短的开发周期、显著的开发效果和低廉的开发成本，正逐渐成为教育培训领域的新宠。随着 AI 技术的不断进步，我们可以预见，利用 AI 开发课程，将在未来的教育培训领域里扮演更加重要的角色，为全球学习者提供更加丰富的、高质量的学习资源，推动教育培训的创新与发展。

三、哪些 AI 工具适合做课程开发

适合做课程开发的 AI 工具有很多，如国外的 ChatGPT 或者国产软件 DeepSeek、Kimi 等。本书重点介绍如何利用 DeepSeek 或 Kimi 来做课程开发，下面是对两个 AI 工具的简介。

（一）DeepSeek：通用人工智能的探索者

在人工智能技术高速发展的浪潮中，成立于 2023 年的深度求索人工智能基础技术研究有限公司（DeepSeek）正以独特的定位崭露头角。这家中国科技企业聚焦于通用人工智能（AGI）的研发，致力于通过技术突破解决复杂现实问题，为教育、商业、科研等领域提供智能化支持。

1. 技术布局：双模型驱动

DeepSeek 的核心竞争力源于其两大旗舰模型——DeepSeek-V3 与 DeepSeek-R1。二者分别针对不同维度的需求，构建起"基础服务＋深度推理"的技术生态。

DeepSeek-V3 作为通用型智能助手，是用户日常交互的"全能伙伴"。它能快速响应信息查询需求，覆盖从科学知识到生活常识的广泛领域；通过多语言翻译功能打破沟通壁垒，帮助用户跨越文化差异；同时，它还能协助管理日程、提供基础技术问题解答，甚至对简单数据进行整理分析，成为提升效率的实用工具。

- **定位**：通用型智能助手，快思考
- **核心功能**：
  - **信息查询**：涵盖科学、历史、技术等多领域知识解答。
  - **语言翻译**：支持多语言互译，消除跨语言沟通障碍。
  - **任务管理**：协助日程规划、提醒设置，提升效率。
  - **技术支持**：提供基础设备使用问题解决方案。
  - **数据分析**：简单数据整理与趋势分析。

而 DeepSeek-R1（推理模型）则扮演着"问题解决专家"的角色。这一模型专为复杂场景设计，擅长逻辑推理与决策支持。无论是数学难题的逐步

推演、编程代码的优化建议，还是结合文本、图像、数据的多模态分析，R1模型均能通过动态学习能力持续优化输出。在商业决策中，它可基于历史数据模拟不同策略的潜在结果；在科研领域，则能辅助研究者梳理庞杂信息，提炼关键结论。

- **定位**：专注复杂问题推理与决策，慢思考
- **核心功能**：
  ○ **逻辑推理**：解决数学、编程、逻辑谜题等复杂问题。
  ○ **决策支持**：基于数据分析提供多场景决策建议（如商业、科研）。
  ○ **多模态理解**：支持文本、图像、数据的综合分析与推理。
  ○ **动态学习**：通过交互持续优化推理能力，适配个性化需求。

2. 技术价值：从理论到场景

DeepSeek 的模型设计始终以实际需求为导向。V3 与 R1 的协同并非简单功能叠加，而是通过能力互补实现服务闭环：V3 处理高频、基础的任务，降低人工智能使用门槛；R1 则深入垂直场景，攻克专业领域难题。这种分层架构既保证了技术的普惠性，也为高阶应用保留了拓展空间。

目前，DeepSeek 的技术已逐步渗透至教育辅导、企业决策、学术研究等场景。例如，学生可通过 V3 快速获取知识要点，再借助 R1 模型拆解复杂题目逻辑；企业管理者则能利用 R1 的数据推理能力，优化资源配置与风险预判。

3. DeepSeek-V3 与 R1 模型在企业培训课程开发中的应用

在企业培训领域，课程开发往往面临内容标准化效率低、个性化需求难满足、复杂场景模拟成本高等痛点。DeepSeek 的 V3 和 R1 模型通过分工协作，能够从内容生成、教学设计到效果评估全流程赋能课程开发，以下是具体应用场景：

（1）DeepSeek-V3：高效构建基础内容框架

应用场景：

- **行业知识整合**：

V3 可快速检索并整理行业报告、政策法规、技术文档等资料，生成结

构化知识库，帮助培训师快速掌握培训领域全貌。

- **标准化课程大纲设计**：

输入培训目标（如"新员工合规培训"），V3 可自动生成包含知识点、学习路径、课时建议的课程大纲草案。

- **多语言教材生成**：

支持将课程内容一键翻译成多语言版本，适配跨国企业员工培训需求，降低本地化成本。

- **基础互动设计**：

根据知识点自动生成选择题、判断题等标准化题库，并提供答案解析，减轻人工出题负担。

示例：

某金融企业需开发"反洗钱合规培训"，V3 可在 1 小时内整理全球反洗钱法规核心条款，生成课程章节框架，并输出配套测试题。

（2）DeepSeek-R1：深度优化教学内容与体验

应用场景：

- **复杂案例开发**：

R1 可分析企业内部历史数据（如客户投诉案例、风险事件），生成贴近业务场景的互动式教学案例，并模拟不同决策的后果。

- **个性化学习路径设计**：

基于学员岗位、能力测评结果，R1 可动态规划学习路径。例如，为管理层推荐战略分析案例，为一线员工制订操作流程训练。

- **教学效果预测与迭代**：

通过分析学员历史学习数据（如答题正确率、互动时长），R1 可预测课程难点，建议内容优化方向（如增加某章节的动画演示）。

如何与 DeepSeek 进行对话？在输入框输入你要问的问题，不点击"深度思考 R1"模型的话，默认使用的就是 DeepSeek-V3 模型，反之点击了，则用的就是 DeepSeek-R1 模型。如图 1-2 所示。

图 1-2　与 DeepSeek 进行对话

（二）Kimi：多功能的人工智能助手

Kimi 是一个多功能的人工智能助手，由月之暗面公司开发。以下是它常见 6 大特色功能：

多语言对话能力：能够流畅地进行中文和英文的对话，理解和生成这两种语言的文本。

文件阅读与理解：可以处理用户上传的 TXT、PDF、Word 文档、PPT 幻灯片和 Excel 电子表格等格式的文件，阅读并理解文件内容，并回答用户的问题。

互联网搜索能力：具备搜索互联网信息的能力，能够结合搜索结果为用户提供更准确和全面的回答。

大容量文本处理：能够支持最多 20 万字的输入和输出，可以处理较长的文本和复杂的查询。

信息整合与分析：能够整合并分析用户提供的信息，帮助用户从大量数据中提取有价值的见解。

教育辅导：可以帮助用户学习语言、科学、数学等各个领域的知识，提供教育辅导和学习资源。

如何与 Kimi 进行对话？与 Kimi 的对话方式，和许多 AI 工具一样，都是在输入栏中输入你的问题，然后点击发送就可以获得 AI 给的答案，如图 1-3

所示。更多AI指令技巧，可以参考《AI写作：用AI倍速提升写作效率》这本书，里面详细介绍了各种AI对话技巧。

图 1-3　如何与 Kimi 进行对话

本书约定：

Q（Question）：表示向 DeepSeek 或 Kimi 提问或指令提示；

A（Answer）：表示 DeepSeek 或 Kimi 的回答。

[　]：表示读者可根据需要替换指令中的内容。

四、"七步成师"模型：课程开发的七个关键步骤

在教育培训领域，课程开发是一项复杂而精细的工作，它要求开发者不仅要有扎实的专业知识，还要有创新的思维和高效的组织能力。借鉴建造大厦的过程，我们可以将课程开发分解为七个步骤，这不仅有助于提升开发效率，还能确保课程的质量和实用性。下面，我将详细介绍"七步成师"模型。

1. 明确主题——主题规划

在建造大厦之前，建筑师需要明确建筑的主题和目的，这决定了建筑的风格和功能。同样，在课程开发中，首先需要明确课程的主题。这包括课程的目标受众、教学目标和核心内容。明确主题有助于为整个课程开发过程设

定方向和基调。

2. 搭建结构——设计图纸

设计图纸是建筑施工的基础，它详细规划了建筑的布局和结构。在课程开发中，搭建课程结构相当于设计图纸的工作。这需要开发者根据教学目标和内容，设计出课程的大纲和各个部分的逻辑关系，确保课程内容的连贯性和完整性。

3. 选择教法——规划施工

规划施工是建筑过程中的关键步骤，它涉及到施工方法和技术的选择。在课程开发中，选择教法是确保教学效果的重要环节。开发者需要根据课程内容和学习者的特点，选择最合适的教学方法和手段，如讲授、讨论、案例分析、模拟实验等。

4. 搜集素材——选择施工材料

施工材料的选择直接关系到建筑的质量和使用寿命。在课程开发中，搜集素材相当于选择施工材料的过程。开发者需要根据课程结构和教学方法，搜集和筛选适合的教学资源，如文本资料、图片、视频、音频等。

5. 制作课件——开工实施

开工实施是建筑施工的实际操作阶段。在课程开发中，制作课件就是开工实施的过程。开发者需要将搜集的素材和设计的教学方法结合起来，制作出具体的教学课件，如PPT、视频教程等。

6. 设计手册——封顶设计

封顶设计是建筑施工中的重要环节，它标志着建筑主体结构的完成。在课程开发中，设计手册是对授课过程的详细规划，主要包括设计讲师手册和学员手册等环节。一个详尽的授课手册可以帮助教师更有效地进行教学，让学员更好地学习和吸收课程的知识点。

7. 包装课程——竣工装修

竣工装修是建筑施工的最后阶段，它涉及内部装饰和美化工作。在课程开发中，包装课程是对课程的最终润色和完善，包括设计课程名称、课程结构等。良好的包装可以提升课程的吸引力和市场竞争力。

通过这七个步骤，课程开发者可以系统地构建和完善自己的课程，就像建筑师精心设计和建造一栋大厦一样。

五、AI 辅助课程开发的"七步成师"模型

在课程开发的七个关键步骤中，哪些步骤是可以让 AI 辅助我们高效完成的？答案是所有的步骤都可以通过 AI 辅助完成。通过不断地课程开发实践和总结，以及为多家世界 500 强企业培训的经历，我总结提炼出 **AI 辅助课程开发"七步成师"模型**，如图 1-4 所示。

图 1-4　AI 辅助课程开发"七步成师"模型

输入、加工、输出构成了"七步成师"模型的核心流程，它们代表了课程开发过程中的三个关键环节。下面我将分别介绍这三个环节：

1. 输入（Input）

输入阶段是课程开发流程的起点，它涉及整合所有必要的信息、资源和工具。在这个阶段，开发者需要进行以下工作：

（1）AI 加持：利用人工智能海量的知识和经验，为课程开发提供辅助技术支持。

（2）典型问题：课程开发要从业务中的典型问题而来，到业务的典型问题中去，这样开发出来的课程才会更加贴合实际情况和市场需求。

（3）专家经验：萃取和利用业务专家的知识和经验，快速解决业务中的典型问题。

2. 加工（Process）

加工阶段是课程开发流程中最为关键的环节，用七个步骤和 AI 工具全流程辅助我们快速开发出精品课程，前三步是课程设计阶段，后四步是课程开发阶段。

（1）明确主题：基于业务需求、学习者需求以及个人擅长等来选择一个合适的课程主题。

（2）搭建结构：根据课程大纲，构建课程的逻辑框架和内容结构。

（3）选择教法：决定最适合课程内容和学习者的教学方法。

（4）搜集素材：搜集和筛选适合教学的各类素材，如文字、图片、视频等。

（5）制作课件：利用搜集的素材和确定的教学方法，制作具体的教学课件。

（6）设计手册：设计授课手册，包括讲师手册和学员手册。

（7）包装课程：对课程名称和课程结构进行包装，提高课程的市场吸引力。

3. 输出（Output）

输出阶段是课程开发流程的最终成果展示，通过"七步成师"模型，我们可以做到高成果产出：

（1）课程四级大纲：产出详细的课程四级大纲。

（2）课程素材包：将所有教学素材和课件整合成一个完整的课程包，便于分发和使用。

（3）授课手册：产出学员手册和讲师手册，确保讲师能够顺利进行教学。

（4）课程模型：产出课程模型，促进学员记忆和理解课程中重要知识点。

（5）PPT 课件：产出授课过程中最重要的 PPT 课件。

整个流程中，AI 技术的加持是提高课程开发效率和提升质量的关键。AI 可以在输入阶段帮助分析典型问题，在加工阶段辅助课程设计和课程开发，在输出阶段则可以助力高效产出各种课程开发的成果。**通过这样的流程，课程开发者可以高效地创建出既符合教学目标，又满足市场需求的精品课程，提升课程开发效率。**

第二章
明确主题：让课程开发更有方向

春秋孙武《孙子兵法·军形篇》里面有这样一句话：胜兵先胜而后求战，败兵先战而后求胜。这句话意思是说，胜利的军队先通过各种手段获得战争的优势，然后再开始战斗；而失败的军队则在没有优势的情况下就匆忙发动战争，希望通过战斗来取得胜利。这句话主要强调了战前的准备和战略的重要性。其实课程开发也一样，不要还没明确主题，就立刻开始制作PPT课件，要有"胜兵思维"，这样才能利用AI工具开发出高质量、高水平的课程。所以AI辅助课程开发"七步成师"模型的第一步就是明确主题。

一、明确主题的三大作用

目标明确：明确主题有助于确定课程的学习目标和期望结果，帮助开发者更好地设计课程内容和教学方法。

提高效率：清晰的主题能够让开发团队更加专注地进行研发工作，避免在过程中偏离主题或产生不必要的内容。

吸引学员注意力：明确的主题可以提高课程的吸引力，让学员更容易理解课程的核心内容，增强学习体验。

二、课程开发的两种思维

课程开发是一个复杂而重要的过程，它需要开发者具备深厚的专业知识、敏锐的市场洞察力以及对目标受众需求的深刻理解能力。在课程开发前，一定要问问自己为什么要开发这个课程。产品思维和用户思维是两种截然不同的开发思路，它们分别关注课程的不同方向，对于课程的成功推广和受众的满意度都有着重要的影响，如图 2-1 所示。

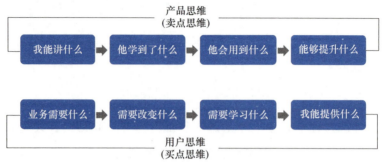

图 2-1　课程开发的两种思维

1. 产品思维（卖点思维）

卖点思维主要从个人擅长角度出发，关注的是如何将课程的独特价值和优势展示给潜在客户，以吸引客户和学员的兴趣，然后期待学员能够运用所学，改变行为，进而提升业务水平和收益。通常包括以下几个方面：

（1）我能讲什么：开发者需要明确自己擅长领域，能够提供什么样的课程内容和教学方法，以及这些内容和方法如何与市场上其他课程区分开来。

（2）他学到了什么：卖点思维强调课程能够带给学习者知识和技能，以及这些知识和技能如何满足学习者的需求和期望。

（3）他会用到什么：课程不仅要传授理论知识，还要注重实践应用，卖点思维希望学习者上完课以后，能够在实际工作中运用所学。

（4）能够提升什么：学习者在运用所学之后，期望能够为企业增加业务收益，但通常情况下这种业务收益是很难衡量的。

2. 用户思维（买点思维）

买点思维则从学习者的角度出发，关注业务需求、痛点和期望。这种思维方式着重于解决业务问题，通常包括以下几个方面：

（1）业务需要什么：买点思维首先考虑业务需求和业务收益。

（2）需要改变什么：为了提升业务收益，学习者哪些行为需要改变？如提升个人能力、改善工作流程等。

（3）需要学习什么：为了改变这些行为，学习者需要学什么？什么样的课程可以满足学员和业务的需求？课程应该包含哪些内容和技能，以帮助学习者达到目标。

（4）我能提供什么：基于上述需求和期望，我能够提供哪些独特的课程、资源、工具或支持，以帮助学习者更好地学习和应用课程内容。

产品思维和用户思维在课程开发中都非常重要，它们分别从供给和需求两个角度出发，帮助开发者设计出既具有市场竞争力又能满足学习者需求的课程。产品思维更注重课程的特色和优势，而用户思维则更关注业务、学习者的实际需求和问题解决。一个成功的课程开发项目通常会结合这两种思维方式，以确保课程既能够吸引学习者，又能够有效地解决他们的问题和满足他们的需求。

课程开发是一个复杂而关键的过程，其成功与否直接影响到学员的学习效果。在进行课程开发时，明确主题是整个过程的第一步，那么，如何来明确主题呢？如何利用 AI 工具来明确课程的主题呢？

有两种方式可以快速明确课程开发的主题："三度法"和"三定法"。

三、"三度法"明确课程开发的主题

（一）什么是"三度法"

"三度法"指的是明确主题应该考虑三个维度，分别是业务需要度、个人擅长度和学员急需度，如图 2-2 所示。

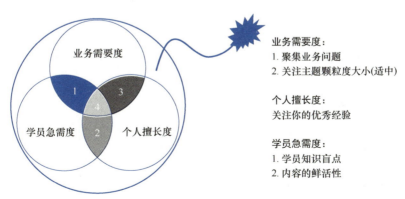

图 2-2　"三度法"确定主题

维度一：业务需要度

课程开发的主题要聚焦业务问题，不能开发一个和业务不相关的课程，比如在一个制造业的公司去讲授如何理财、如何养生。如果把这些和直接业务毫不相关的课程开发出来，那对企业用来说就是一个"培训废品"，因为，对业务没有任何促进作用，哪怕学员有这方面的需求，企业领导也不会为这种课程买单。另外课程主题的颗粒度要适中，不能过大，也不能过小，比如有些内训师课程开发的主题是管理技巧，这个主题就太大了。因为管理技巧包括人员管理技巧、任务管理技巧、目标管理技巧以及团队的协作与沟通等。太大的课程主题容易导致课程无法落地，从而没有实用性。课程开发的主题也不宜过小，比如有的内训师课程开发的主题是教授如何使用 Excel 中的某一个函数或 Photoshop 中的某一个工具。这样的内容更适合作为独立的教程或者快速参考手册，而不是作为一个完整的课程。

维度二：个人擅长度

课程开发的主题应关注的是个人优秀经验，不要去开发自己不擅长的课程，对于不擅长的内容很难发掘出优秀资源，即便是开发出来了，你也没办法衡量内容的准确性。

维度三：学员急需度

首先，课程要满足学员的知识盲点，也就是说学员本身就缺乏这方面的能力，所以要通过课程学习进行提升。其次，课程内容要有一定的鲜活性，要符合当下的内容和需求。比如你去开发一个"Office2007 办公软件操作技巧"的课程，这就有点过时，因为现在已经更新到"Office365"了，软件很多功能都改变了。

以下有九个课程，我们来分析一下哪些课程是符合"三度法"，适合拿来做课程开发？

1. 新员工职业素养

这个主题虽然对新员工有一定的吸引力，但是它可能过于宽泛，不够具体。职业素养包含很多方面，如沟通技巧、职业礼仪、团队合作、时间管理等，如果没有针对性地进行深入讲解，可能难以满足特定业务需求。

2. 营业厅投诉应对技巧

这个主题非常贴合业务需要度，特别是对于客户服务部门。它针对的是具体问题，即如何处理客户投诉，有助于提升服务质量和客户满意度，因此符合业务需要度。

3. 经理人员的岗位职责

这个主题虽然对经理人员有一定的指导意义，但是可能主题太小了，无须培训，只需要看一下岗位说明书就可以了。

4. 塑造积极阳光的心态

这个主题虽然对于个人心态的调整有一定的帮助，但是它可能不够具体，也不太容易衡量其对业务的具体贡献。心态的积极与否虽然重要，但如果没有结合具体的工作，就难以满足学员的需求。

5. 执行力提升

这个主题具有一定的业务需要度，因为执行力是提高工作效率和完成任务的关键。但是，如果没有结合具体的业务场景，可能难以发挥太大的培训效果，另外员工的执行力和很多因素有关，有可能培训解决不了这个问题。

6. 入职压力应对五锦囊

这个主题既符合业务需要，也是学员急需的。对于新入职员工来说，如何应对工作压力是一个普遍存在的问题，提供具体的应对策略可以帮助他们快速适应工作环境，提高工作效率。

7. 精益体系的推进

这个主题具有一定的业务需要度，特别是对于制造业等注重流程优化的企业。但是，精益体系的推进一般要配合项目和结合具体的业务场景进行，只靠一场培训是难以发挥太大培训效果的。

8. 办公室礼仪

这个主题虽然有一定的普遍性，但这种课件网上一搜一大把，也不太容易衡量其对业务的具体贡献。办公室礼仪虽然重要，但如果没有结合具体的工作场景和文化背景，可能难以满足学员的急需。

9. 职业生涯规划

这个主题对于个人发展有一定的帮助,但是也不太容易衡量其对业务的具体贡献。职业生涯规划是一个长期的过程,如果没有结合企业实际情况和具体的业务需求,可能难以满足企业的即时培训需求。

所以,在确定课程开发的主题时要同时考虑以上三个维度,即业务需要度、个人擅长度、学员急需度。

哪些课程符合以上三个维度呢?根据我以往课程开发经验,一般"新、要、痛"类型的课程同时满足以上三个维度。

新:表示"新产品推广策略、新产品销售策略、新政策执行策略、新技术应用推广、新业务落地执行等"。

要:表示"重要客户开拓、重要流程执行、重要项目落地、重要事项执行等"。

痛:表示"瓶颈流程改善、方法运用不当、关键客户流失、常见违规处理、投诉升级处理等"。

(二)用"三度法"借助 AI 确定主题的三个步骤

了解完"三度法"以后,如何让 AI 帮助我们快速确定课程开发的主题,打造属于自己的精品课程呢?假设我是一个拥有 20 多年工作经验的供应链管理总监,我想开发一个针对采购的课程,如何用 AI 工具和"三度法"来明确课程开发的主题?主要有三个步骤:撰写指令——主题打分——确定主题。

第一步:撰写指令

我们需要参考"三度法"和个人的背景信息,撰写一个指令。

指令参考:

Q:请扮演课程开发专家,请从[业务需要度、个人擅长度和学员急需度]这三个维度,帮我策划出[5]个课程开发的主题,主题要聚焦,不能太大,要用来给企业[采购人员]培训,[我是一个食品制造行业的采购总监,拥有 20 多年的供应链管理经验,比较擅长供应商甄选、成本分析、采购谈判等方面的技能]。(注:"[ ]"内的内容为示例,可替换成自己需要的内容)

A：作为一名拥有丰富经验的采购总监，您的专长为我们提供了很好的课程开发方向。以下是针对企业采购人员的五个聚焦且实用的课程开发主题。

1. 高级供应商甄选策略

  ○ **业务需要度**：在食品制造行业，选择合格的供应商对于确保产品质量和供应链的稳定性至关重要。

  ○ **个人擅长度**：结合您的专业知识，分享实际案例和甄选技巧，教授学员如何评估供应商的生产能力、质量控制、交付能力和信誉等关键因素。

  ○ **学员急需度**：采购人员需要掌握如何从众多供应商中筛选出最优质的合作伙伴，以应对日益激烈的市场竞争。

2. 成本分析与优化

  ○ **业务需要度**：成本控制在食品制造行业中是提高利润率的关键。

  ○ **个人擅长度**：分享您的经验，教授学员如何运用各种成本分析工具和技术，包括总拥有成本（Total Cost of Ownership，TCO）、生命周期成本分析等，以实现成本节约。

  ○ **学员急需度**：采购人员需要了解如何通过成本分析来优化采购决策，降低整体成本。

3. 采购谈判技巧与策略

  ○ **业务需要度**：有效的谈判技巧可以帮助企业在价格和合同条款上获得更有利的条件。

  ○ **个人擅长度**：结合您的实战经验，讲解如何在谈判中制定策略、准备充分、有效沟通，并处理复杂的谈判情境。

  ○ **学员急需度**：采购人员经常需要与供应商进行谈判，因此掌握高效的谈判技巧是非常必要的。

4. 风险管理与供应链韧性

  ○ **业务需要度**：食品制造行业的供应链面临众多风险，如原材料价格波动、供应中断等。

  ○ **个人擅长度**：分享您在风险评估和管理方面的专业知识，教授学员如何建立韧性供应链，以及如何应对突发事件。

　　○ **学员急需度**：采购人员需要了解如何识别和管理潜在的供应链风险。

5. 可持续采购实践

　　○ **业务需要度**：企业越来越重视可持续性和社会责任，可持续采购成为企业战略的一部分。

　　○ **个人擅长度**：结合行业案例，探讨如何在保证质量和成本效益的同时，选择环保材料、促进公平贸易和支持当地社区。

　　○ **学员急需度**：采购人员需要了解如何在采购活动中融入可持续发展的理念。

　　这些课程主题旨在提升采购人员的专业技能，同时考虑到业务需求和个人发展，以确保培训内容的实用性和针对性。

　　通过撰写一个清晰的提问指令，我们很快让AI提供了我们想要的答案，AI经我们提供了五个主题。那么，AI辅助课程开发的提问指令如何撰写呢？接下来，要运用到"义描交出"模型，如图2-3所示。

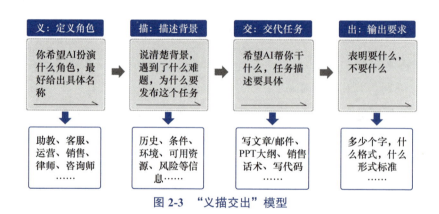

图2-3 "义描交出"模型

"义描交出"模型四步骤。

义：定义角色。

设定AI扮演的专家角色身份，并限定其专业领域，确保回答在特定范围内。你希望AI扮演什么角色，最好给出具体名称，比如××专家、××岗位或者××助手，也可以是助教、客服、运营、销售、律师、咨询师，等等。

为什么要定义角色？因为一旦让 AI 扮演某个对应的角色，它就会调动关于这个角色背后的知识体系和数据去回答你的问题。AI 官方支持的角色设定指令是一种能力，类似于"调度"行业专家模型的功能。它通过设定 AI 的身份，限制其回答的领域范围，从而使得回答更具有针对性。在不同的任务场景下，可以通过设定不同的角色身份来指导 AI 的回答。此外，还可以设定知识经验水平、领域精通程度，以及语言风格等更为具体的要求。

通常情况下，我们更倾向于赋予 AI 专家身份，以使其回答显得更为专业。这一功能有助于根据任务的性质和需求精确调整 AI 的表现。

描：描述背景。

在这一部分，需要解释任务的背景、原因和可能面临的问题，以提供必要的上下文，为交代任务提供必要的解释。

交：交代任务。

你希望 AI 帮你干什么，要清晰地介绍任务的主题、概要和预期结果，让 AI 明确需要关注的任务方向。常见任务有写文章、写邮件、写 PPT 大纲、写销售话术、写代码，等等。

出：输出要求。

告诉 AI 你要什么，不要什么。具体阐述任务要求，包括内容标准、参考示例、输出格式、语言风格、参考资料、多少个字和流程规则等。这有助于确保 AI 按照指定标准执行任务。

上面的示例就是采用"义描交出"模型来撰写的，另外本书中接下来所有 AI 辅助课程开发的指令也是通过"义描交出"模型来撰写的。更多 AI 指令技巧可以参考《AI 写作：用 AI 倍速提升写作效率》这本书，里面详细介绍了 5 大指令技巧。

如果发现主题不适合或者想参考更多主题，可以让 AI "再来 5 个"。参考指令如下。

Q：再来 5 个

A：当然，以下是另外 5 个针对食品制造行业采购人员的课程开发主题，这些主题旨在进一步提升采购团队的专业能力和业务效率：

1. 高级采购数据分析

- **业务需要度**：在数据驱动的决策过程中，采购数据分析对于发现成本节约机会和优化供应链至关重要。

- **个人擅长度**：分享您在采购数据分析方面的经验和技巧，教授如何运用统计工具和软件来分析市场趋势、监控供应商表现和预测未来需求。

- **学员急需度**：采购人员需要掌握如何利用数据分析来提高采购决策的准确性和效率。

2. 全球采购与国际物流管理

- **业务需要度**：随着全球化的发展，食品制造企业越来越多地依赖国际市场和供应链。

- **个人擅长度**：结合您的经验，讲解国际采购流程、关税和贸易协定，以及如何优化国际运输和清关流程。

- **学员急需度**：采购人员需要了解国际贸易的规则和最佳实践，以及如何管理跨国物流。

3. 采购合同管理与法律风险防控

- **业务需要度**：合同是采购活动中的法律基础，有效的合同管理可以避免潜在的法律风险。

- **个人擅长度**：分享您在合同管理方面的专业知识，教授如何制定合同条款、进行风险评估和执行合同合规性检查。

- **学员急需度**：采购人员需要了解如何起草、审核和管理采购合同，以及如何处理合同纠纷。

4. 创新采购技术与工具

- **业务需要度**：随着技术的进步，采购行业出现了许多创新的工具和平台。

- **个人擅长度**：介绍当前市场上的采购软件、自动化工具和电子采购平台，分享如何有效利用这些工具进行采购活动。

- **学员急需度**：采购人员需要了解和掌握这些新兴技术，以提高工作效率和决策质量。

5. 跨文化采购沟通与合作

○ **业务需要度**：在全球化的商业环境中，采购人员需要与来自不同文化背景的供应商进行沟通和合作。

○ **个人擅长度**：结合您的经验，讲解跨文化沟通的策略和技巧，以及如何在多元文化环境中建立和维护良好的供应商关系。

○ **学员急需度**：采购人员需要了解不同文化的特点，以及如何在跨文化交流中有效沟通。

这些课程主题旨在帮助采购人员在食品制造行业中提升自己的专业技能，同时确保培训内容与实际业务需求紧密结合，以实现最佳的培训效果。

第二步：主题打分

我们运用"主题评估表"，从业务需要、个人擅长、学员急需和课程聚焦这四个维度，为主题打分，一般最高分的最适合做课程开发，如果超过12分的也适合做课程开发，见表2-1。

表 2-1 主题评估表

课程选题	打分维度				总分
	业务需要 （0~5 分）	个人擅长 （0~5 分）	学员急需 （0~5 分）	课程聚焦 （0~5）	

注：12 分以上就可以做课程开发。

当然我们也可以借助 AI 的力量，让 AI 对我们的主题进行打分，参考指令如下：

Q：请对以上所有主题，从［业务需要度、学员急需度、个人擅长度和课程聚焦度］四个维度进行打分，选出最适合做课程开发的选题，每一项分值是 0~5 分，满分为 20 分。以表格形式输出给我。

A：以下是对所有选题的评分表，每个维度的分值范围是 0~5 分，满分为 20 分，见表 2-2。

表 2-2 主题评分结果

以下是对所有主题的评分表，每个维度的分值范围是 0~5 分，满分为 20 分。

选题名称	业务需要度	学员急需度	个人擅长度	课程聚焦度	总分
高级供应商甄选策略	5	5	5	5	20
成本分析与优化	5	4	5	4	18
采购谈判技巧与策略	4	5	5	4	18
风险管理与供应链韧性	4	4	4	4	16
可持续采购实践	3	3	3	5	14
高级采购数据分析	5	4	4	4	17
全球采购与国际物流管理	4	4	4	3	15
采购合同管理与法律风险防控	4	4	4	3	15
创新采购技术与工具	3	3	3	4	13
跨文化采购沟通与合作	3	3	3	4	13

根据上表的评分结果，我们可以看到"高级供应商甄选策略"选题以总分 20 分位列第一，表明它是最适合进行课程开发的选题。这个选题在所有评分维度上都得到了最高分，说明它在业务需求、学员需求、个人专长和课程聚焦度方面都非常出色。选择这个选题进行课程开发，将能够最大限度地满足企业采购人员的学习需求，同时发挥您的专业优势，确保课程内容的实用性和有效性。

第三步：确定主题

我们可以通过人工或者 AI 选出分数最高的前 3 个主题优先做课程开发。分数前 3 的课程分别是"高级供应商甄选策略""成本分析与优化""采购谈判技巧与策略"。再从前 3 中选一个作为第一个要开发的课程，比如我们选

"采购谈判技巧与策略"这个主题,这样我们就明确了课程主题。当然,明确课程主题还有第2种方法,叫作"三定法"。

四、"三定法"明确课程开发主题

(一)什么是"三定法"

"三定法"指的是明确主题要确定3个方向,分别是定学员、定问题和定目标,如图2-4所示。

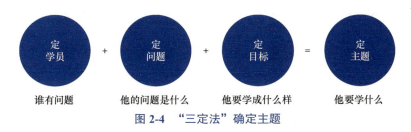

图2-4 "三定法"确定主题

第一步:定学员

确定课程学员的特征是至关重要的。我们在做课程开发的时候也一样,要了解课程的受众,也就是学员是谁,哪些人应该来听这个课程。我们可以从学员的岗位背景、年龄、学历水平、技能水平、学习习惯、过往有无类似的培训经验等方面去了解,这些因素都会影响课程设计。以前面提到的数据分析课程为例,学员可能包括从事数据处理的初级工程师和希望提升数据分析技能的管理人员。

第二步:定问题

怎么证明学员需要学习这个课程?一定是学员在工作中遇到了问题,无法达到他们期待的结果。什么是问题?问题指的是目标与现状之间的差距。比如你的目标是每天睡到自然醒,结果每天早上7点必须起床;你的目标是体重减轻10斤,结果你的体重越来越重;你的目标是孩子考年级第一,结果孩子这次考试没有进年级前10。以上这些都叫作问题。

如何描述学员的问题?可用采用"场景描述+错误行为+造成后果+否定词语"的形式进行描述。参考句式是"谁在什么场景下,做了哪些错误的行为，导致了什么样的后果，原因是没做到什么。"如图 2-5 所示。

图 2-5　问题的描述公式

例如：一家 500 强的企业要对接待客户的人员进行"商务礼仪"的培训，那就可以这样描述问题：对外交往或者接待客户时，因不恰当的言行导致客户不满，对公司形象造成不利影响，主要原因是对商务礼仪的各项要求不了解。

如何描述原因？ 描述造成问题的原因，可以使用"无法、缺少、缺乏、不能"等词汇以确定课程开发中应涉及的问题。以下是一些示例：

无法解决特定业务挑战：描述在课程开发中遇到的具体业务问题，以及现有培训课程无法解决的挑战。例如，"销售团队无法有效分析客户数据，导致无法准确预测销售趋势。"

缺少关键技能或知识：指出学员在特定领域缺乏必要的技能或知识。例如，"团队缺乏有效的市场营销策略，导致无法吸引更多客户。"

不能应对特定情景或挑战：描述学员在面对特定情景或挑战时遇到的困难或无能为力的情况。例如，"项目经理无法有效管理团队冲突，导致项目进度延误。"

无法理解复杂概念或流程：指出学员对于复杂概念或流程缺乏理解。例如，"员工无法理解公司新推出的业务流程，导致工作效率低下。"

通过使用这些词汇，可以更清晰地描述造成问题的具体原因，从而有助于针对性地制定解决方案和培训内容。

第三步：定目标

需要明确学员完成课程后应达到的学习目标和业务目标。这些目标最好是具体的、可衡量的，以便在课程结束后评估学习效果。业务目标与学习目标有什么区别？如表 2-3 所示。

表 2-3 业务目标与学习目标的关系

目标类型	定义	描述	关联
业务目标	组织或公司希望通过课程实现的具体商业成果或利益	关注课程如何帮助组织实现战略和财务目标，如提高员工生产力、增加销售额	与KPI（关键绩效指标）相关联，衡量课程对业务的影响
学习目标	学员在课程结束时应掌握的知识、技能	描述学员将通过课程学习到的具体内容和应用知识	符合教学法和认知心理学原理，确保学员有效学习和行为改变

1. 业务目标

组织或公司希望通过课程实现的具体商业成果或利益。关注课程如何帮助组织实现战略和财务目标，如提高员工生产力、增加销售额。与 KPI（关键绩效指标）相关联，衡量课程对业务的影响。业务目标包含以下方面。

（1）效率指标

提升生产力。例如，员工的工作效率提高 20%。

减少浪费。例如，生产过程中的浪费减少 30%。

（2）绩效指标

销售目标。例如，销售额增加 25%。

客户满意度。例如，客户满意度提升至 95%。

（3）质量指标

减少错误率。例如，将错误率从目前的 5% 降低到 2%。

提高产品合格率。例如，产品合格率提升至 98%。

（4）员工发展指标

员工满意度。例如，员工满意度提高至 80%。

员工留存率。例如，员工留存率提高至 85%。

（5）学习与发展指标

培训参与率。例如，确保 100% 的员工参与指定的培训课程。

知识掌握程度。例如，学员在课程结束后的知识测试中平均得分提高 10 分。

（6）客户服务指标

解决率。例如，客户问题的解决率提高至 90%。

投诉率。例如，客户投诉率减少 20%。

（7）财务指标

成本节约。例如，通过培训节约成本 10 万美元。

投资回报率。例如，确保培训投资的回报率为 200%。

2. 学习目标

学员在课程结束时应掌握的知识、技能。描述学员将通过课程学习到的具体内容和应用知识。符合教学法和认知心理学原理，确保学员有效学习和行为改变。我们可以"使用 ABCD 法则"描述学习目标。

ABCD 法则是一种用于描述课程目标的方法，它包括四个要素：受众（Audience）、行为（Behavior）、条件（Condition）和程度（Degree）。

受众（Audience）：确定课程目标所针对的学习者群体。这有助于明确课程内容的设计和教学方法的选择。

行为（Behavior）：描述学习者在课程结束后能够展示的具体行为。这应该是可观察和可衡量的，以便评估学习者的学习成果。

条件（Condition）：说明学习者在何种情境下能够展示所学的行为。这包括学习环境、工具和资源等，有助于学习者更好地理解和应用所学知识。

程度（Degree）：衡量学习者展示行为的水平或质量。这有助于确定学习者的学习效果和课程目标的达成程度。

举个例子，我要开发一个"新晋经理团队管理的课程"，就可以使用 ABCD 法则描述培训课程目标：

- 受众（Audience）：新晋经理，他们需要在团队管理方面获得指导和提升。
- 行为（Behavior）：学习者将能够制定有效的团队管理策略，包括设定明确的目标、提供反馈和激励团队成员。
- 条件（Condition）：学习者将在模拟的工作环境中应用所学的团队管理技巧，例如角色扮演练习、案例研究和小组讨论。

- 程度（Degree）：学习者将能够自信地运用团队管理技巧，并能够在培训后的实际工作中展现出改进的团队协作和领导能力，如通过定期的绩效评估和员工满意度调查来衡量。

综合 ABCD 法则，培训课程的目标可以这样描述：

"针对新晋经理，本培训课程旨在使学习者能够在模拟的工作环境中制定并实践有效的团队管理策略，包括设定明确的目标、提供反馈和激励团队成员。"

通过以上对"定目标"的学习，我们将对初级营销人员进行定目标的课程培训，它的业务目标包括：

- 提升个人营销业绩，实现销售目标增长 20%；
- 增强团队整体的营销能力，客户满意度提高 10%；
- 通过有效的营销活动，提升品牌知名度和市场份额增长 20%。

学习目标包括：

- 运用市场趋势分析的基本方法和工具；
- 学习并实践有效的客户沟通和谈判技巧；
- 能够独立运用数字营销工具进行产品推广；
- 学会运用数据分析来优化营销策略；
- 能够在实际工作中平衡短期销售与品牌建设的关系。

（二）用"三定法"借助 AI 确定主题的三个步骤

通过"三定法"，课程开发专家可以更有针对性地设计课程，为课程主题提供清晰的方向，确保课程内容既符合学员的需求，又能解决他们在实际工作中遇到的问题，有效满足企业和学员的需求，最终达到提升业绩的目的。如何利用 AI 工具和"三定法"明确课程开发主题？也是三个步骤：**撰写指令——主题打分——确定主题。**

第一步：撰写指令

我们需要参考"三定法"和个人的背景信息，撰写一个指令。

指令参考：

Q：请扮演课程开发专家，[我是一个食品制造行业的采购总监，拥有

20年的供应链管理经验，比较擅长供应商甄选、成本分析、采购谈判等方面的技能］，想给他们进行课程培训，但是目前我还没有课程，现在你需要从以下三个方面思考，为我策划课程开发的主题，至少给我［3］个主题方案，主题不能过大，要聚焦，颗粒度适中。

1. 课程对象：［食品行业采购员，25~31岁，平均2年销售经验］；

2. 典型问题：［在与客户谈判时，缺乏对市场情况、供应商或产品细节的了解，缺乏谈判技巧，谈判时情绪管理不当，导致在谈判中缺乏信心和说服力，无法争取到最佳的采购条件，如价格、付款条款和交货时间等，从而增加企业成本和运营风险。］

3. 培训希望达成的目标：能够运用［谈判技巧、沟通技巧和情绪管理技巧，以目标价格达成与客户的合作］，［最终降低年度采购成本10%~20%］。（注："［ ］"内的内容为示例，可选择或替换成自己需要的内容）

A：以下是三个课程开发主题：

主题方案一：提升食品行业采购员的市场分析与谈判策略

课程目标：

- 增强对食品行业市场趋势的理解和分析能力
- 掌握有效的供应商甄选和评估技巧
- 学习并运用高级谈判技巧，包括策略制定和执行
- 培养情绪管理能力，以保持谈判中的冷静和自信

课程内容：

- 食品行业市场分析：教授如何收集和解读市场数据，预测市场动向
- 供应商评估与管理：介绍如何评估供应商的财务稳定性、生产能力和产品质量
- 高级谈判技巧：通过案例分析和角色扮演，学习如何在谈判中制定目标、提出要求和达成共识
- 情绪管理与压力应对：通过互动讨论和模拟练习，提高在高压环境下的情绪调节能力

主题方案二：食品采购员的沟通技巧与情绪智能提升

课程目标：

- 提高沟通效率，确保信息准确无误地传达
- 增强情绪识别和同理心，建立更有效的客户关系
- 学习如何在谈判中运用积极心理学原理提升说服力

课程内容：

- 沟通技巧精讲：包括非言语沟通、倾听技巧和反馈机制的建立
- 情绪智能训练：通过情景模拟和自我反思，提升情绪认知和管理能力
- 积极心理学在谈判中的应用：探讨如何利用积极心理学原理来增强谈判效果

主题方案三：食品行业采购成本控制与风险管理

课程目标：

- 掌握成本分析和控制的基本方法和工具
- 学习如何识别和评估采购过程中的潜在风险
- 培养风险应对策略，以减少采购成本和运营风险

课程内容：

- 成本分析基础：介绍如何分析采购成本结构，识别成本节约的机会点
- 风险管理策略：教授如何进行风险评估，制定预防和应对措施
- 案例研究：分析真实案例，学习如何在实际工作中应用成本控制和风险管理的知识

以上课程方案均聚焦于提升食品行业采购员的专业技能，旨在通过具体的培训内容和实践练习，帮助他们克服谈判中的困难，提高采购效率，最终达到降低企业采购成本的目标。

第二步：主题打分（略）

第三步：确定主题（略）

接下来第二步"主题打分"和第三步"确定主题"的操作方法和"三度法"一模一样，我们这里就不再展开介绍。通过"三度法"和"三定法"，都可以帮助我们快速明确主题，让你不再为要开发什么主题课程而苦恼。

第三章
搭建结构：让课程内容更有逻辑

花有花的结构，树有树的结构，房子有房子的结构，万事万物都有结构，当然课程也有课程的结构。那么什么是课程的结构呢？

如果我们把课程结构比作一棵树的话，我们可以将课程结构与一棵树的生长和组织进行类比，就能更形象地理解课程的层次性和组织逻辑，如图 3-1 所示。

图 3-1　树与课程结构的对应关系

树根对应课程的一级大纲（课程标题）

课程的一级大纲，即课程标题，就像树的根部，它为整个课程设定了基础和方向，明确了课程的主题和核心领域。

树干对应课程的二级大纲

二级大纲是课程结构的主干，它将一级大纲的宽泛概念细化为具体的模块或章节。这就像树干将根部吸收的养分输送到整棵树的各个部分。在课程中，二级大纲通常包含课程的主要知识点和学习领域，它们是构成课程内容的主体，支撑着更细节的知识点。

树枝对应课程的三级大纲

三级大纲相当于树木的枝条，它们从二级大纲的"树干"分出，进一步细化课程内容。这些"枝条"将知识点分解为更具体的子主题或技能点，它们帮助学生理解更复杂的概念，有助于学生更好地消化和掌握课程内容，并将学习内容与实际应用联系起来。

树叶对应课程的四级大纲

四级大纲可以看作是树叶，它们是课程结构中最细小的分支，代表着课程的具体内容、具体实例、案例研究、习题和活动。就像树叶通过光合作用为树木提供能量，四级大纲通过具体的学习活动帮助学员吸收和应用知识，促进学生对课程内容的深入理解和掌握。

在这个类比中，每一层级的大纲都是构建课程结构的重要部分，它们共同支撑着课程的完整性和系统性。正如一棵树的生长需要健康根部、强壮的树干、繁茂的枝条和充足的树叶，一个高质量的课程也需要清晰的标题、有组织的二级大纲、详细的三级大纲和丰富的四级大纲，以确保学生能够有效地学习和成长。如何通过 AI 搭建课程结构，制作一个详细的、符合标准的课程大纲？下图是通过 AI 一步步引导后，制作出来的"采购谈判技巧"的课程大纲，如图 3-2 所示。

搭建课程结构，总共分成四步：选择结构——萃取大纲——生成内容——优化内容。

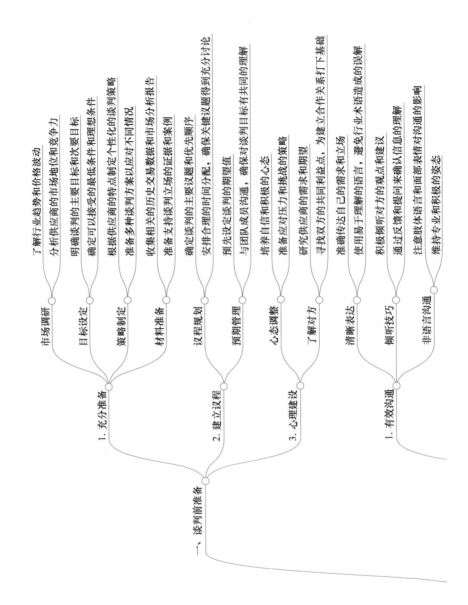

采购谈判技巧课程大纲

二、谈判中阶段

1. 策略运用

- **BATNA(最佳替代方案)**
  - 确定并准备最佳替代方案,作为谈判的有力后盾
  - 在谈判中适时展示BATNA,增加议价能力
- **让步策略**
  - 在次要议题上适当让步,以换取主要议题的共赢结果
  - 确保让步能够带来双方的共赢结果
- **压力测试**
  - 识别对方的底线和压力点
  - 通过提出挑战性的问题或条件来测试对方的反应

2. 控制节奏

- **时间管理**
  - 控制每个议题的讨论时间,避免过度拖延
  - 适时总结和过渡,确保谈判按计划进行
- **情绪控制**
  - 保持冷静和专业,即使在压力下也不失控
  - 管理好自己和对方的情绪,创造积极的谈判氛围

三、谈判后阶段

1. 总结评估

- **结果分析**
  - 评估谈判结果是否满足预期目标
  - 分析谈判过程中的有效和无效策略
- **经验总结**
  - 记录谈判的关键点和学习经验
  - 与团队分享,共同提升谈判能力

2. 合同签订

- **条款审查**
  - 仔细审查合同条款,确保反映谈判结果
  - 确认合同中没有遗漏或不明确的要求
- **法律合规**
  - 确保合同符合相关法律法规的要求
  - 如有必要,咨询法律顾问进行审查

3. 后续跟进

- **执行监督**
  - 跟踪合同的执行情况,确保供应商履行承诺
  - 及时发现并解决执行过程中的问题
- **关系维护**
  - 维护与供应商的良好关系,为未来的合作打下基础
  - 定期沟通,分享反馈,共同寻求改进的机会

图 3-2 "采购谈判技巧"课程详细大纲

一、选择结构：课程结构的四大要求

课程结构，也叫课程大纲，好的课程大纲一定是纲举目张，逻辑清晰。课程结构和大纲的设计对于提高教学效果和学习效率至关重要。好的课程大纲，通常具备四个特点。

1. 结构简单化

课程单元的数量应控制在 2~7 个之间。这是因为根据心理学的研究，人类的工作记忆有限，最容易处理的信息块通常在 2~7 个项目之间。超过 7 个项目，学习者可能会感到信息过载，难以有效记忆和理解。假设你正在设计一门关于基础摄影技巧的课程。你可以将课程分为以下几个单元：相机操作、构图技巧、光线运用、照片编辑和风格发展。每个单元都是一个独立的模块，学习者可以集中精力掌握每个模块的核心内容。

2. 结构逻辑化

课程结构应遵循一定的逻辑顺序，以便学习者能够按照合理的顺序逐步构建知识。常见的逻辑结构包括 WWH（What Why How，即"是什么、为什么、怎么做"）结构、时间结构（按照时间或流程顺序排列，如历史事件、方法步骤）和元素结构（按照主题或概念的逻辑关系排列），如图 3-3 所示。

图 3-3　三大课程结构

（1）WWH 结构

WWH 结构有两种表现形式，一种是"What Why How"（是什么、为什么、怎么做），另外一种是"Why What How"（为什么、是什么、怎么做）。WWH 结构是一种常用于课程开发的方法，这两种结构有助于课程开发者系统地组织课程内容，确保学习者能够全面理解主题，如图 3-4 所示。

图 3-4　WWH 结构的两种形式

WWH 结构特别适合于以下类型的课程：

概念和理论介绍课程：在介绍新的概念、理论或原则时，WWH 结构可以帮助学习者先了解基本概念（是什么），然后理解其重要性或背后的原理（为什么），最后学习如何将这些概念或理论应用到实践中（怎么做）。

技能培训课程：无论是软技能（如沟通、团队合作），还是硬技能（如编程、操作机械），WWH 结构能够让学习者明确要学习的技能是什么，了解掌握这些技能的意义和好处，以及具体的操作步骤和技巧。

问题解决和决策制定课程：这类课程通常涉及分析问题、制定策略和执行解决方案。WWH 结构能够帮助学习者识别问题的本质（是什么），探究问题存在的原因（为什么），并学习解决问题的具体方法（怎么做）。

变革管理和创新课程：在讲解变革的必要性、创新的重要性以及如何实施变革和创新时，WWH 结构能够让学习者理解变革或创新的背景（是什么），明白其背后的动机和目的（为什么），以及掌握推动变革和创新的策略和步骤（怎么做）。

职业发展和规划课程：职业规划涉及个人职业目标的设定、职业路径的选择和职业技能的提升。通过 WWH 结构，学习者可以明确自己的职业目标（是什么），了解实现这些目标的原因和动机（为什么），并学习具体的职业发展策略和行动计划（怎么做）。

健康和生活方式课程：例如营养、健身、心理健康等课程，WWH 结构能够帮助学习者了解健康生活方式的组成（是什么），认识到健康生活的重要性（为什么），并学习实现健康生活方式的具体方法（怎么做）。

安全和风险管理课程：在场所安全、网络安全等领域，WWH 结构能够让学习者了解安全措施的内容（是什么），明白采取这些措施的原因（为什么），并学习实施这些安全措施（怎么做）。

WWH 结构的优势在于其清晰的逻辑顺序和易于理解的框架，使得学习者能够系统地掌握知识，理解其背后的原理，并能够将所学应用到实践中。这种结构特别适合于需要解释、分析和应用的课程内容。

（2）时间结构

时间结构指按照时间的顺序来安排课程的单元、模块或主题。时间结构也有两种形式，一种是"单向时间结构"，另一种是"循环时间结构"，如图 3-5 所示。

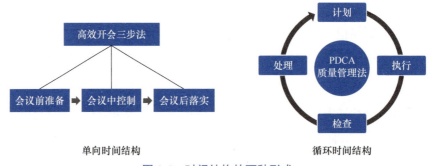

图 3-5　时间结构的两种形式

时间结构特别适合于那些需要按照历史发展、进程演变或者阶段性成长来理解的课程内容。在时间结构中，课程的每个部分都是基于其发生或应该发生的顺序来组织的，从而帮助学习者更好地理解事物的发展过程和各个阶段之间的关系。

时间结构的主要特点包括：

线性进展：课程内容按照时间线展开，通常是从过去到现在，有时也会展望未来。

阶段性学习：学习者可以按照时间结构中的不同阶段逐步学习，每个阶段都有特定的学习目标和内容。

步骤流程：在技术或操作性课程中，时间结构强调每一步操作的顺序和方法，确保学习者能够正确理解和执行每个步骤。

因果关系：时间结构有助于揭示不同时间点上事件之间的因果关系，帮助学习者理解历史进程中的因素是如何相互作用的。

历史背景：在涉及历史事件或案例研究的课程中，时间结构能够为学习者提供重要的历史背景，增强学习者对事件背景的理解。

发展理解：通过时间结构，学习者可以更好地理解一个主题或领域是如何随时间发展和演变的。

时间结构在课程开发中的适用性非常广泛，尤其适合以下类型的课程：

历史类课程：涉及历史事件、时代变迁、文明发展等，时间结构可以帮助学习者按照时间线理解事件的先后顺序和因果关系。

企业发展与战略课程：针对企业的成长历程、战略演变、市场扩张等，时间结构有助于员工把握公司发展的脉络和战略调整的历史背景。

技术发展与创新课程：从早期的基础发明到现代的高科技产品，时间结构能够帮助学习者理解技术演进的路径和创新的关键节点。

产品生命周期管理课程：该课程涵盖产品从概念、设计、开发、测试、上市到最终退市的全过程，时间结构有助于学习者掌握产品管理的关键阶段和时间点。

市场营销与销售策略课程：从市场调研、产品定位到销售执行、客户关系管理，时间结构有助于学习者理解市场策略的演变和销售周期。

个人职业发展规划课程：指导学习者如何规划自己的职业生涯，从职业起步到中期发展再到长期目标实现，时间结构有助于学习者设定阶段性目标和里程碑。

项目管理与执行课程：涉及项目启动、规划、执行、监控和收尾等阶段，时间结构有助于学习者掌握项目管理的流程和时间管理技巧。

领导力与团队管理课程：从领导力的培养、团队建设到组织变革管理，时间结构有助于学习者理解领导力发展的不同阶段和团队动态的变化。

在课程开发中的应用时间结构，可以帮助学习者更好地组织和理解信息，特别是当课程内容涉及顺序性、流程性、步骤性、阶段性或发展性的知识时，时间结构能够提供一个清晰的学习路径。通过将课程内容按照时间顺序排列，学习者可以更容易地跟踪和吸收知识，从而提高学习效率和效果。

（3）元素结构

课程开发的"元素结构"是一种组织课程内容的方法，它侧重于将课程主题分解为若干个基本元素或组成部分，这些元素通常是构成整个主题的核心概念、原则、技能或知识点。元素结构中的各个单元之间是并列的关系，每个单元都是一个独立的模块，具有其自身的完整性和重要性，共同构成了整个课程的框架，如图 3-6 所示。

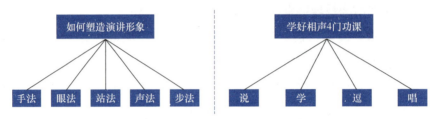

图 3-6　元素结构举例

元素结构的主要特点包括：

分解：将复杂的主题或概念分解为更小、更易于管理的部分。

模块化：每个元素作为独立的模块，学习者可以集中精力逐个攻克。

并列关系：单元之间是并列的，每个单元都具有独立性，学习者可以按任意顺序学习这些单元，而不会影响对整体主题的理解。

层次性：元素结构可以按照从基础到高级的层次顺序来组织，帮助学习者逐步建立知识体系。

整合：在掌握了各个元素之后，学习者需要将这些元素综合应用，解决实际问题或完成复杂任务。

系统性：通过元素结构，学习者可以更好地理解各个部分是如何相互关联和协同工作的。

在企业课程开发中，元素结构通常适用于那些涉及多个独立但相互关联的组成部分或概念的课程。这种结构适合于需要学员理解各个组件如何相互作用以及它们在整体中的角色的课程。以下几种类型的课程适合采用元素结构：

产品或服务培训：当企业开发关于新产品或服务的培训课程时，可以采用元素结构来分别介绍产品的不同特性、功能、使用方法等。例如，一个关于新款智能手机的培训课程，可能会分别介绍其硬件元素（如屏幕、处理器）、软件元素（如操作系统、应用程序）和服务元素（如保修、客户支持）。

技能发展课程：对于技能发展，如沟通技巧、团队合作或领导力培训，元素结构可以帮助学员理解构成这些技能的各个部分。例如，在沟通技巧课程中，可以分别讨论非言语沟通、倾听技巧、提问技巧和说服技巧等元素。

质量管理课程：如 ISO 标准或六西格玛培训，通常涉及多个质量工具和技术。元素结构可以将这些工具和技术作为单独的元素进行介绍，帮助学员逐一掌握并在实际工作中应用。

总的来说，元素结构适合于那些需要学员对多个独立、并列但相互关联的组成部分有深入理解的课程。它有助于学员建立全面的知识框架，并理解各个部分如何协同工作以达成整体目标。

3. 结构分类化

课程内容应该根据 MECE 法则（Mutually Exclusive，Collectively Exhaustive，即"相互独立，完全穷尽"）进行分类和分组。这意味着每个分类之间不应有重叠，且所有分类合在一起能够覆盖所有相关内容。

比如，在设计一门关于植物学的课程时，可以将植物分为：种子植物、藻类植物、蕨类植物和苔藓植物。这些分类是相互独立，没有重叠的，同时覆盖了所有主要的植物类别，确保了内容的全面性和系统性。

MECE 法则是一种逻辑分类原则，用于确保在分析问题或组织信息时，各个分类之间既没有重叠，也没有遗漏。

让我们再来用一个通俗的例子来解释 MECE 法则，想象一下，你要整理你的衣橱，并且想要确保每件衣服都被分类得既不会遗漏也不会重复。

按季节分类：你可以将衣服分为"夏季服装""冬季服装"和"春秋服装"。这三个类别相互独立，因为你不会在夏天穿厚重的冬季外套，也不会在冬天穿短袖 T 恤。同时，这三个类别覆盖了你一年中可能穿的所有衣服，确保了分类的完全穷尽。

按场合分类：你还可以根据穿着场合将衣服分为"休闲服装""工作服装"和"正式场合服装"。这样，当你需要参加不同的活动时，你可以快速找到适合的服装。这些类别之间没有重叠，每件衣服只属于一个类别，而且所有场合都被考虑到了。

按颜色分类：另外，你也可以尝试按颜色将衣服分类，比如"红色系列""蓝色系列"和"绿色系列"。当然，这个分类可能在实际操作中会有一些重叠（比如一件衣服上有多种颜色），但它可以作为一个有趣的尝试，帮助你根据颜色搭配衣服。

通过这些分类，你的衣橱变得井井有条，每件衣服都有其特定的位置。这就是 MECE 法则的精髓：通过相互独立且完全穷尽的分类，确保信息的组织既系统又全面，从而帮助你更有效地管理你的衣物（或任何其他需要分类的事物）。

同样地，在课程内容的分类、问题分析或任何需要逻辑清晰分类的场景中，应用 MECE 法则可以帮助我们避免混淆和遗漏，确保信息的完整性和准确性。

4. 结构准确化

课程结构中的每个主题和子主题都应描述准确，避免歧义和误导。这有助于学习者清晰地理解课程内容，并准确地把握每个部分的重点。

比如在设计一门关于计算机编程的课程时，可以明确区分"数据结构"和"算法"两个主题。数据结构是组织和存储数据的方式，而算法则是操作数据的步骤和方法。通过准确的描述和区分，学习者可以更好地理解两者之间的关系和区别。

通过遵循这四大要求和三种课程逻辑结构，课程开发者可以选择合适的课程结构创建出结构清晰、逻辑性强、内容丰富且易于理解的课程大纲，从而提高教学质量和学习效果。

二、萃取大纲:"道、法、术、器"模型

在搭建课程结构前,一定要先萃取业务专家的优秀经验,那么,如何萃取业务专家的优秀经验呢?我们可以借鉴"道、法、术、器"模型。道:一般指的是指导完成这件事情的指导思想与底层逻辑;法:一般指的是通用的流程和步骤;术:一般指的是具体行为和方法、注意事项或雷区;器:一般指的是完成这件事情的工具、表单、话术等。如图3-7所示。

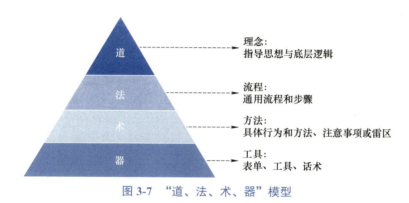

图3-7 "道、法、术、器"模型

"道、法、术、器"模型是一种系统化的思维框架,用于指导和组织知识与经验的传递。在课程开发的背景下,这个模型可以帮助我们从业务专家那里系统地萃取和整合优秀经验。以下是"道、法、术、器"模型与经验萃取的关系介绍和示例说明。

1. 道(指导思想与底层逻辑)

含义:在经验萃取过程中,"道"代表了业务专家对于某个领域的深层理解和核心信念。它是整个经验体系的基础,指导着"法""术"和"器"的运用。

萃取方法:通过深入访谈、观察和分析业务专家的工作方式,了解他们对于业务的理解和处理问题的根本原则。

示例:在销售培训课程中,"道"可能是对客户需求的深刻理解和确信建立长期关系的重要性。这些原则将指导销售人员在实际工作中的行为和决策。

2. 法（通用流程和步骤）

含义：基于"道"的指导，业务专家会形成一套标准化的流程和步骤，即"法"。这些流程和步骤是经验的具体体现，可以在不同的情境中应用。

萃取方法：通过分析业务专家的工作流程、案例研究和成功经验，总结提炼出可复制的流程和步骤。

示例：在客户服务培训中，"法"可能包括一套标准的客户投诉处理流程，涵盖从接收投诉到解决问题的每个步骤。

3. 术（具体行为和方法、注意事项或雷区）

含义：在"道"的指导下，结合"法"的流程，业务专家会发展出一系列具体的技巧和方法、注意事项或雷区，即"术"。这些是实际操作中的技巧和注意事项，帮助避免常见的错误或陷阱。

萃取方法：通过实际操作演练、角色扮演和模拟情景，捕捉业务专家在处理复杂问题时的具体行为和应对策略。

示例：在谈判技巧培训中，"术"可能包括一系列具体的谈判策略，例如，如何提出开场报价、如何回应对方的还价等。

4. 器（表单、工具、话术等）

含义：为了支持"道""法"和"术"的实施，业务专家会使用各种工具和辅助材料，即"器"。这些工具可以提高工作效率，帮助学习者更好地应用所学知识和技能。

萃取方法：收集和整理业务专家在工作中使用的工具、模板、清单、话术等，确保它们可以被其他学习者有效利用。

示例：在市场分析课程中，"器"可能包括市场调研问卷模板、数据分析软件教程、行业报告模板等。

通过"道、法、术、器"模型，我们可以全面地从业务专家那里萃取经验，并将这些经验整合到课程结构中，使得课程内容既有深度又有广度，既有理论指导又有实践操作，既有技巧分享又有工具支持。这样的课程能够更好地帮助学习者掌握业务专家的优秀经验，提升自身的工作能力和效率。我们来看一个"如何克服上台紧张"的课程，它的"道、法、术、器"分别是什么。我们用一张"干货萃取表"展示给大家，见表3-1。

表3-1 "如何克服上台紧张"课程干货萃取表

主题	如何克服上台紧张		
指导思想/ 理念（道）	认识到紧张是一种正常的心理反应，是身体对即将到来的挑战的自然反应		
WWH/流程/ 要素（法）	具体方法/ 技巧（术）	工具/话术/ 表单（器）	注意事项/ 雷区（术）
一、充分准备	详细研究主题，制作提纲或者思维导图，进行模拟演讲	演讲准备清单 自我评估表	避免过度准备导致信息过载
二、心理调适	接纳紧张，紧张不是病，而是正常现象 运用深呼吸、正念冥想等方法来放松身心	正念冥想App：帮助进行心理调适	找到适合自己的放松方式，避免盲目模仿
三、现场应对	学习即兴演讲技巧 准备一些通用的开场白和结束语	开场白模板 结束语模板 应对问题的话术	不要过度依赖准备的内容，要灵活应对
四、持续改进	收集观众的反馈，与导师或同行交流	演讲计时器 录音/录像设备	保持开放心态，接受建设性批评

通过道、法、术、器的结合，可以帮助学员在准备和进行演讲时更加自信，有效地管理紧张情绪，并在实际演讲中表现得更加出色。通过实践这些技巧，学员可以逐步提高自己的演讲能力，最终克服紧张情绪。

所以，我们在课程开发时，可以通过这张"干货萃取表"，快速萃取出课程的干货内容，从而帮助我们搭建课程大纲和课程结构。比如前面提到的"采购谈判技巧"课程，我们就可以把干货内容萃取出来，见表3-2。

表3-2 "采购谈判技巧"课程的干货萃取表

主题（如何…）	采购员如何提升谈判成功率		
指导思想/ 理念（道）	知己知彼，百战不殆		
WWH/流程/ 要素（法）	具体方法/ 技巧（术）	工具/话术/ 表单（器）	注意事项/ 雷区（术）
一、谈判前阶段	1. 充分准备 2. 建立议程 3. 心理建设	谈判前准备清单 议程通知	不了解市场情况、供应商背景或产品细节，容易导致在谈判中缺乏信心和说服力

（续）

主题（如何…）	采购员如何提升谈判成功率		
二、谈判中阶段	1. 有效沟通 2. 策略运用 3. 控制节奏	手表、手机	不要提前暴露底价 谈判陷入僵局，要控制情绪
三、谈判后阶段	1. 总结评估 2. 合同签订 3. 后续跟进	谈判总结复盘表 合同 客户维护名单和维护话术	/

三、生成内容：AI 辅助快速生成课程结构和内容的四个步骤

萃取完干货内容以后，接下来要让 AI 帮我们生成详细的课程大纲，也就是四级大纲，有时甚至是五级大纲，因为只有到四级大纲或五级大纲才能真正到课程的具体内容，如果只是到三级大纲可能还是在课程结构上，并没有到具体的内容，一定要从树根到树干，从树干到树枝，最后从树枝到"树叶"。"树叶"才是解决问题的具体答案。让 AI 快速生成详细的课程大纲，需要四个步骤：询问方法——调整大纲——撰写指令——生成内容，如图 3-8 所示。

图 3-8　四步生成课程详细大纲

1. 询问方法

在这个阶段，你需要与 AI 进行对话，了解 AI 在生成课程大纲方面的能力和方法。你可以询问 AI 关于课程主题的具体解决方法有哪些。这一步的目的是为了了解针对我们的主题，AI 会如何思考和构建课程大纲。

为什么萃取业务专家的优秀经验，还需要询问 AI 的经验？因为 AI 是通过国内外各种数据训练出来的，有了 AI，就相当于拥有一个"强大的知识

库",有了 AI 加持,就像拥有了一个"藏经阁"一样,里面拥有各种"优秀的武功秘籍"供你挑选,所以我们可以向 AI "取经"。把 AI 的经验和业务专家的经验做一个结合,形成"双经验",这样做出来的大纲才会更加全面和完善。

当然,如果你发现业务专家的经验本身就很不错,那我们可以直接使用业务专家的经验,无须再借鉴 AI 的经验,也无需把两者进行结合。我还是以"采购谈判技巧"这个课程来举例。

询问 AI 经验的指令:

Q:请扮演课程开发专家,我想开发关于[采购谈判技巧]的课程,你觉得可以从[哪几个步骤]做好[采购谈判]。(注:"[ ]"内的内容为示例,可替换成自己需要的内容)

A:作为课程开发专家,针对采购谈判技巧的课程,可以从以下几个步骤进行设计和实施:

1. 谈判前的准备工作

市场调研:了解市场行情,掌握原材料价格趋势和供应商信息。

供应商分析:评估潜在供应商的财务状况、信誉、历史业绩和交货能力。

目标设定:明确谈判目标,包括价格、质量、交货时间等关键因素。

策略制定:根据供应商的特点和自身需求,制定相应的谈判策略。

2. 建立有效的沟通

开场白:以积极、专业的态度开始谈判,建立良好的第一印象。

倾听技巧:倾听供应商的需求和顾虑,以便更好地理解对方的立场。

信息交换:清晰、准确地传达自己的需求和预期,同时获取对方的反馈。

3. 提出和探索解决方案

价值提案:提出对双方都有利的解决方案,强调合作的长期价值。

灵活性:在关键问题上保持坚定,同时在次要问题上展现一定的灵活性。

创新思维:寻找创新的解决方案,如价值工程、供应链合作等。

4. 谈判过程控制

压力管理:保持冷静,有效应对供应商的压力和挑战。

进度掌控:确保谈判按照既定的时间表和议程进行。

风险评估：识别和评估谈判过程中可能出现的风险，并制定应对措施。

5. 达成协议和后续跟进

确认协议：在达成一致后，明确双方的责任和义务，确保协议的可执行性。

签订合同：确保合同条款准确无误，涵盖所有谈判结果和关键点。

后续跟进：监控合同执行情况，及时解决执行过程中的问题，确保双方利益。

6. 谈判技巧的持续提升

反思总结：每次谈判后，进行反思和总结，提炼经验教训。

持续学习：通过阅读、培训和实践等方式，不断提升谈判技巧。

建立网络：与其他采购专业人士交流，分享经验和最佳实践。

通过以上步骤，可以系统地构建一个全面的采购谈判技巧课程，帮助学员掌握从准备到执行的全过程，并不断提升自身的谈判能力。

我们发现 AI 给的大纲和课程结构并不是很好，看起来比较散，逻辑性不强，于是我们让 AI 参考时间结构（谈判前——谈判中——谈判后）来帮助设计大纲。

参考指令如下：

Q：参考以上内容，如果从谈判的前、中、后三个阶段，如何做好采购谈判？

A：采购谈判是采购过程中的关键环节，它直接影响到企业的成本控制和供应链管理效率。从谈判的前、中、后三个阶段来看，以下是如何做好采购谈判的建议：

谈判前阶段：

1. 充分准备：

进行市场调研，了解行业趋势、价格波动和供应商背景。

确定谈判目标，包括主要需求和可以接受的最低条件。

制定谈判策略，根据供应商的特点和自身的优势制定计划。

准备谈判材料，如历史交易数据、竞品分析、法律法规等。

2. 建立议程：

确定谈判的主要议题和次序，以便在谈判中有序进行。

预先设定时间限制，避免谈判过程无休止拖延。

3. 心理建设：

调整心态，保持自信和专业，同时准备好应对压力和挑战。

了解供应商的需求和期望，寻找共同利益点。

谈判中阶段：

1. 有效沟通：

清晰表达自己的需求和立场，同时倾听供应商的意见和反馈。

使用开放式问题引导对话，获取更多信息。

2. 策略运用：

根据预先制定的策略进行谈判，灵活调整以应对实际情况。

运用不同的谈判技巧，如妥协、交换条件、BATNA（最佳替代方案）等。

3. 控制节奏：

控制谈判节奏，确保每个议题都得到充分讨论。

在关键时刻保持冷静，避免冲动决策。

谈判后阶段：

1. 总结评估：

回顾谈判过程，评估结果是否符合预期目标。

分析哪些策略有效，哪些需要改进。

2. 合同签订：

确保合同条款准确反映谈判结果，避免歧义。

审查合同细节，确保合法合规。

3. 后续跟进：

监督合同执行，确保供应商履行承诺。

维护与供应商的关系，为未来的合作打下良好基础。

通过以上前、中、后三个阶段的策略和行动，可以有效地进行采购谈判，达成对双方都有利的协议，并为企业带来长期的价值。

这一次我们发现 AI 给的大纲要好很多，几乎就是我们想要的大纲了，但是"四级大纲"的内容依然不是很详细，很多技巧类和方法类的知识还是没有生成出来，没有展开。所以，还需要让 AI 帮我们把"四级大纲"，甚至是"五级大纲"生成出来。这样整个大纲才会变得更加具体和落地。

2. 调整大纲

在明确了 AI 的生成方法之后，你需要根据 AI 提供的建议和指导来调整和优化你的课程大纲。这可能包括对课程的结构、主题、子主题等进行重新排序或补充，确保大纲的逻辑性和连贯性。调整大纲的目的是为了确保课程内容能够全面覆盖所需的知识点，并符合教学目标和学习者的需求。结合 AI 给的大纲和业务专家的干货萃取，所以我们新的一、二、三级课程大纲变成如下图 3-9 所示。

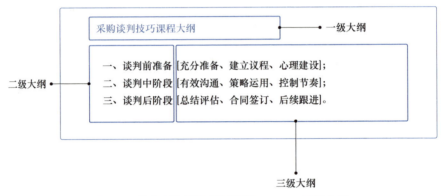

图 3-9 "采购谈判技巧"课程一、二、三级大纲

一级大纲："采购谈判技巧"

二级大纲：谈判前准备——谈判中阶段——谈判后阶段

三级大纲：就是二级大纲的展开内容。

3. 撰写指令

撰写指令是告诉 AI 你具体需要什么样的课程大纲。在这个步骤中，你需要根据前两步的了解和调整，清晰地向 AI 描述你的要求。这包括课程的一级大纲（主题）、二级大纲、三级大纲、深度和细节程度等。好的指令应该具体、明确，能够让 AI 准确地理解你的需求，并生成符合预期的课程大纲。

让 AI 生成更详细的课程大纲指令参考如下：

Q：请扮演课程开发专家，帮我设计一个关于［采购谈判技巧］课程的详细大纲，大纲中方法和技巧部分的内容请展开介绍，并以 Markdown 代码格式输出，课程大纲参考结构如下：

一、谈判前准备［充分准备、建立议程、心理建设］；

二、谈判中阶段［有效沟通、策略运用、控制节奏］；

三、谈判后阶段［总结评估、合同签订、后续跟进］。（注："［］"内的内容为示例，可替换成自己需要的内容）

这里我们看到让 AI 把大纲中"方法、技巧"部分展开介绍，目的是让 AI 生成的大纲更详细、更落地，另外，还让 AI 以"Markdown 代码格式输出"，目的是后面我们需要复制到制作 PPT 的 AI 软件当中，让它识别课程大纲和内容更加准确，接着就可以把大纲一键转成 PPT，这样做出的 PPT 既高效又高质。

Markdown 是一种轻量级标记语言，它允许人们使用易读易写的纯文本格式编写文档。Markdown 文件通常具有 .md 或 .markdown 的文件扩展名。下面是一些基本的 Markdown 代码格式示例：

（1）标题

- # 一级标题
- ## 二级标题
- ### 三级标题
- 以此类推

（2）粗体和斜体

- 粗体
- 斜体

（3）链接和图片

- ［链接文本］（URL）
- ［替代文本］（图片链接）

（4）无序列表

- 列表项一

- 列表项二
- 列表项三

（5）有序列表

- 1. 第一项
- 2. 第二项
- 3. 第三项

（6）代码块

- 使用三个反引号包围代码：``` 代码块 ```

（7）表格

- 复制
- |标题1|标题2|标题3|
- ||||
- |单元格1|单元格2|单元格3|
- |单元格4|单元格5|单元格6|

（8）引用

- > 引用文本

（9）分割线

- 或

这些是 Markdown 的基础，用于格式化文本、插入图片、创建链接等。Markdown 的目标是易于阅读和编写，同时也易于转换为 HTML 和其他格式。

4. 生成内容

最后，根据你提供的指令，AI 将生成详细的课程大纲。这个大纲可能包含从一级到四级甚至五级的详细内容，每个级别都像树枝到树叶一样，逐步细化，直至达到解决问题的具体答案。

A：以下是关于采购谈判技巧课程的详细大纲，采用 Markdown 代码格式输出：

采购谈判技巧课程大纲

一、谈判前准备

1. 充分准备

市场调研

  了解行业趋势和价格波动

  分析供应商的市场地位和竞争力

目标设定

  明确谈判的主要目标和次要目标

  确定可以接受的最低条件和理想条件

策略制定

  根据供应商的特点制定个性化的谈判策略

  准备多种谈判方案以应对不同情况

材料准备

  收集相关的历史交易数据和市场分析报告

  准备支持谈判立场的证据和案例

2. 建立议程

议程规划

  确定谈判的主要议题和优先顺序

  安排合理的时间分配,确保关键议题得到充分讨论

预期管理

  预先设定谈判的期望值

  与团队成员沟通,确保对谈判目标有共同的理解

3. 心理建设

心态调整

  培养自信和积极的心态

  准备应对压力和挑战的策略

了解对方

  研究供应商的需求和期望

  寻找双方的共同利益点,为建立合作关系打下基础

二、谈判中阶段

###1.有效沟通

清晰表达

  准确传达自己的需求和立场

  使用易于理解的语言，避免行业术语造成的误解

倾听技巧

  积极倾听对方的观点和建议

  通过反馈和提问来确认信息的理解

非语言沟通

  注意肢体语言和面部表情对沟通的影响

  维持专业和积极的姿态

###2.策略运用

BATNA（最佳替代方案）

  确定并准备最佳替代方案，作为谈判的有力后盾

  在谈判中适时展示BATNA，增加议价能力

让步策略

  在次要议题上适当让步，以换取主要议题的进展

  确保让步能够带来双方的共赢结果

压力测试

  识别对方的底线和压力点

  通过提出挑战性的问题或条件来测试对方的反应

###3.控制节奏

时间管理

  控制每个议题的讨论时间，避免过度拖延

  适时总结和过渡，确保谈判按计划进行

情绪控制

  保持冷静和专业，即使在压力下也不失控

  管理好自己和对方的情绪，创造积极的谈判氛围

三、谈判后阶段

###1. 总结评估

结果分析

  评估谈判结果是否满足预期目标

  分析谈判过程中的有效和无效策略

经验总结

  记录谈判的关键点和学习经验

  与团队分享，共同提升谈判能力

###2. 合同签订

条款审查

  仔细审查合同条款，确保反映谈判结果

  确认合同中没有遗漏或不明确的条款

法律合规

  确保合同符合相关法律法规的要求

  如有必要，咨询法律顾问进行审查

###3. 后续跟进

执行监督

  跟踪合同的执行情况，确保供应商履行承诺

  及时发现并解决执行过程中的问题

关系维护

  维护与供应商的良好关系，为未来的合作打下基础

  定期沟通，分享反馈，共同寻求改进的机会

通过上面的大纲我们可以看出，AI 给的大纲已经非常详细，已经到"五级大纲"了，非常符合我们的要求。在 AI 生成大纲后，你需要人工检验其合理性和实用性，确保大纲符合教学目标，并能够有效地指导后续的课程开发和教学活动。为了更加方便直观，我们可以把以上大纲内容复制粘贴到电脑上的记事本中，将记事本文件的后缀名 .txt 修改为后缀名 .md 格式的文件，这样就将记事本格式转化为 Markdown 代码格式。然后把 .md 格式的文件导入到思维导图软件如 Xmind 中，就可以一键转化成思维导图，如图 3-2 所示。

四、优化内容：进一步细化和优化课程内容

如果 AI 一次性生成的大纲还是不够详细怎么办？有两种处理方法：第一种方法是让 AI 重新生成一次，第二种方法是让 AI 参考第一次生成的大纲再生成详细的"内容"，这个时候就由大纲变成了详细的内容，参考指令如下：

Q：请参考这个大纲撰写详细的内容。

A：# 采购谈判技巧课程详细内容

一、谈判前准备

1. 充分准备

市场分析

  研究行业趋势，了解市场供需情况。

  分析供应商的财务状况、信誉和历史业绩。

  评估产品或服务的质量标准、价格范围和交付能力。

  收集相关法规、政策和行业标准的信息，确保谈判符合外部要求。

需求明确

  确定采购的具体产品或服务规格。

  量化需求的数量和预算限制。

  根据业务需求和战略目标，对需求进行优先级排序。

  考虑替代品和潜在的供应风险。

目标设定

  根据公司利益和市场情况，设定具体、可衡量的谈判目标。

  包括成本降低目标、质量保证、交货时间缩短等。

  考虑长期合作的可能性和条件。

风险评估

  识别可能影响谈判的内外部风险因素。

  制订风险缓解措施和应急计划。

  考虑备选供应商和替代方案。

2. 建立议程

议程规划

 制订详细的议程，包括每个议题的讨论时间。

 确定谈判的关键点和顺序，确保重要议题得到优先处理。

 准备议程相关的资料和数据支持。

团队协作

 根据团队成员的专业技能和经验，分配角色和职责。

 进行团队内部沟通，确保每个成员都了解自己的任务。

 准备团队协作的工具和方法，如共享文档、通讯群组等。

预期设定

 根据实际情况，为谈判结果设定合理的预期。

 避免对谈判结果的过度乐观或悲观预期。

 准备应对谈判结果不如预期的备选方案。

3. 心理建设

自信心态

 通过模拟谈判和角色扮演，增强自信心。

 学习正面肯定自己的方法，提升自我价值感。

 准备应对压力和挑战的心理策略。

情绪管理

 学习情绪识别和调节的技巧，如深呼吸、正念等。

 练习在压力情境下保持冷静和理性的策略。

 通过反思和自我评估，提高情绪自控能力。

心理准备

 了解不同文化和谈判风格的基本知识。

 准备面对强硬或不合作态度的策略。

 练习灵活应变和快速决策的能力。

二、谈判中阶段

1. 有效沟通

倾听技巧

学习积极倾听的技巧，如全神贯注、避免打断等。

练习通过提问和反馈来确认信息理解的准确性。

掌握非言语沟通的解读技巧，如观察对方的表情和肢体语言。

清晰表达

练习使用简洁、明了的语言来表达自己的需求和立场。

学习如何使用数据和事实来支持自己的观点。

避免使用可能导致误解的术语和行话。

非言语交流

注意自己的肢体语言、面部表情和声音语调，确保与言语信息一致。

学习如何通过非言语信号来传达自信和开放的态度。

练习在谈判中保持稳定和一致的非言语行为。

2. 策略运用

BATNA（最佳替代方案）

确定并准备最佳替代方案，以增强谈判地位。

评估替代方案的可行性和成本效益。

在谈判中适时展示替代方案，作为压力策略。

互惠互利

寻找双方共同的利益点，构建合作的谈判基础。

提出能够满足双方需求的解决方案。

避免单方面的利益追求，寻求长期合作关系。

让步策略

规划让步的时机和幅度，以换取更重要的条件。

避免过早或过多的让步，保持谈判筹码。

学会在关键问题上坚持立场。

压力测试

通过提出挑战性的问题或条件，测试对方的底线。

观察对方对压力的反应，判断其真实立场和需求。

适时调整压力测试的策略，以达到最佳效果。

3. 控制节奏

时间管理

根据议程安排合理分配谈判时间。

避免在不重要的议题上浪费时间。

确保关键议题有足够的时间进行深入讨论。

议程控制

根据预定议程控制谈判的进度和方向。

避免对方引导谈判偏离主题。

在必要时，适时调整议程以适应谈判的实际情况。

气氛调节

根据谈判进展适时调整气氛，保持积极性和建设性。

使用幽默、轻松的话题来缓解紧张气氛。

在适当的时候展现诚意和合作意愿，增强信任感。

三、谈判后阶段

1. 总结评估

结果分析

对谈判结果进行全面的分析和评估。

比较谈判结果与预期目标的差异。

识别谈判成功的关键因素和需要改进的地方。

经验总结

总结谈判过程中的得失，提炼经验教训。

分享成功案例和失败经验，供团队成员学习。

制定改进措施，提高未来谈判的效果。

行动计划

根据谈判结果制定具体的后续行动计划。

明确执行步骤、责任分配和时间表。

准备应对可能出现的问题和挑战。

2.合同签订

合同审查

  细致审查合同条款,确保所有谈判成果都得到准确体现。

  确认合同中无遗漏或歧义的条款。

  确保合同符合法律法规和公司政策。

风险管理

  识别合同中可能存在的风险点。

  制定相应的风险控制和缓解措施。

  考虑合同执行过程中可能出现的问题,并制定预案。

签署流程

  完成合同签署的所有必要流程。

  确保合同的法律效力和执行力。

  准备合同存档和备案工作。

3.后续跟进

执行监督

  监督合同的执行情况,确保双方履行约定。

  定期检查合同执行进度和质量。

  及时发现并解决执行过程中的问题。

关系维护

  维护与供应商的良好合作关系。

  通过定期沟通和反馈,增强互信和合作意愿。

  寻求进一步合作的机会,扩大合作范围。

持续改进

  根据谈判和执行的经验,不断优化采购流程和谈判策略。

  定期回顾和更新谈判技巧和方法。

  鼓励团队成员分享经验,共同提高谈判能力。

通过让AI参考大纲再生成内容的这种方法,生成的大纲会更加详细,而且课程的方法和步骤部分的内容展开得更加详细,更加落地,直接拿来就可以用。如果生成的课程大纲或者内容有些不对的地方，不符合公司实际的情况，或者是不需要的内容，可以在保存的文档中进行删除或者再次修改。

通过以上四个步骤，你可以有效地利用 AI 来帮助你快速生成详细且实用的课程大纲，从而提高课程开发效率和质量。

第四章
选择教法：让课程教学更有效果

选择合适的教学方法是课程开发过程中的关键环节，它直接关系到课程实施的效果和学员的学习成效。从课程开发的角度来看，合适的教学方法能够确保教学内容与教学目标相匹配，同时也能够调动学员的学习积极性，提高教学效率。企业课程开发旨在提升员工的职业技能，增强团队协作能力，促进领导力发展，推动组织文化的传播，提高业务收益等。以下是企业课程开发中选择合适教学方法需要考虑的几个重要方面：

员工需求分析。企业课程开发首先需要对员工的需求进行详细分析，包括他们的现有技能水平、学习偏好、工作职责以及对培训内容的期望。选择与员工需求相匹配的教学方法能够提高他们的参与度和学习成效。

业务目标的一致性。企业课程应与组织的业务目标保持一致。教学方法的选择应有助于实现这些目标，例如，通过案例研究、角色扮演或模拟训练来提升员工的实战能力。

成人学习原则。成人学习者具有自主性、实践经验丰富和目标导向等特点。企业课程开发应考虑成人学习原则，选择适合成人学习者的教学方法，如体验式学习、同伴学习或问题导向学习。

多样化的学习方法。企业员工在年龄、背景、学习风格等方面存在差异，提供多样化的学习方法，如在线课程、面对面工作坊、自学等，可以满足不同员工的学习需求。

资源的有效利用。企业课程开发需要考虑成本效益，确保教学资源的有效利用。选择成本合理、实施便捷的教学方法，可以在有限的预算内实现最佳的学习效果。

总之，从企业课程开发的角度来看，选择合适的教学方法是确保培训内容与组织目标相一致、提高员工学习成效和促进组织发展的关键。通过精心设计的教学方法，企业可以培养出更具竞争力的人才，从而在激烈的市场竞争中保持优势。那么，如何选择正确的教学方法呢？选择教学方法需遵循以下四个步骤，如图4-1所示。

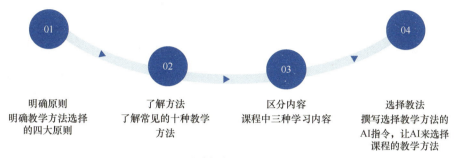

图 4-1　正确选择教学方法的四个步骤

一、明确原则：教学方法选择的四大原则

在选择教学方法之前，首先需要明确教学方法选择的四大原则：即"CARE——学习模型"，如图4-2所示。

图 4-2　教学方法选择的四大原则

原则一：适度内容（Curated Content）

这个原则强调在课程设计中应该注重内容的质量和深度，而不是数量。过多的信息可能导致学习者感到压力，从而影响他们的理解和记忆，造成

"信息过载"。

"信息过载"是指在教学过程中，由于信息量过大、知识点繁多，导致学员难以有效吸收和理解所学内容的现象。这种现象在企业培训中较为普遍，尤其是在知识更新迅速、学科内容丰富的背景下。为了应对这一挑战，培训研究者和实践者进行了一系列的探讨和研究。

首先，培训研究指出，信息过载可能让学员产生认知负荷。认知负荷理论认为，人的工作记忆容量有限，当学习内容超出这一容量时，将导致学习效率下降。如图4-3所示，随着内容量的增加我们期望的学习效果逐渐增加，应该是"A"这条曲线，可实际结果却是随着内容量的增加学习效果反而下降，呈现的是"C"这条曲线。

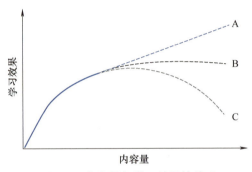

图 4-3　内容量与学习效果的关系

信息过载是一个广泛研究的现象，它描述了当个体面对大量信息时，无法有效处理、吸收或记住所有内容的情况，尤其是在信息爆炸的现代社会。

其次，培训研究显示，信息过载可能导致多种负面影响，包括：

认知负荷增加：当信息量超过个体的认知处理能力时，会导致认知负荷增加，影响学习效率和记忆保持。

注意力分散：面对大量信息，个体可能会分散注意力，难以集中精力在最重要的内容上。

决策困难：过多的选择和信息可能导致决策瘫痪，使个体难以做出有效决策。

压力和焦虑：信息过载可能引起心理压力和焦虑，影响个体的情绪和健康。

最后，为了应对信息过载，研究者和培训专家提出了多种策略，如：

精简信息：减少非关键信息，只提供最核心和必要的内容。

分块学习：将大量信息分成小块，逐步呈现，帮助学习者更好地处理和吸收。

内容结构化：通过课程内容结构化，将知识点围绕核心概念组织起来，帮助学员建立知识框架，从而提高学习效率。

问题导向：采用问题导向学习、案例分析等方法，将抽象知识与实际问题相结合，也能有效地提升学员的学习兴趣和理解能力。

优先级排序：明确信息的优先级，让学习者先关注最重要的内容。

间隔重复：通过定期复习，利用间隔效应来增强记忆和学习效果。

因此，讲师在设计课程时需要考虑如何优化教学内容，减轻学员的认知负荷。教学内容应该经过精心筛选，确保每个知识点都是有价值的。

在设计课程时，优先考虑核心概念和关键技能。使用归纳和总结的技巧来简化复杂的概念，并通过实例和故事来增强学习者的理解和记忆。

原则二：**学员参与**（Active Engagement）

在美国经济大萧条时期，为了解决食物不足的问题，美国政府希望家庭主妇能改变饮食习惯，接受动物内脏作为食物。此前，美国人不吃动物内脏，但此时顺应时势，要培训家庭主妇接受动物内脏。如果刚好你是这个项目的培训师，你会怎样做呢？

有的人说把这些家庭主妇叫到培训教室，他来做讲师，他讲课特别好，给她们讲解吃动物内脏有什么好处、动物内脏有什么营养、动物内脏并没有她们想象的那么脏，这是第一种处理方式。

还有的人让这些家庭主妇直接去做培训师，让她们参与到这个项目中来，让她们来讲授关于动物内脏既能吃也有营养的课程，这是第二种处理方式。

你觉得哪种方式效果会更好？结果是第二种方式更好，第一种方式的观念和行为的转化率只有 3%，而第二种方式的观念和行为的转化率竟然高达 32%。

学习是一个参与的过程，如果授课的过程中，只有老师一个人在讲授，即使这个老师讲得再精彩，也会变成了一场"独角戏"，学员课上很激动，课后还是"一动不动"，继续按照旧有的习惯和方式去工作，无法产生行为的改变，行为不改变就无法产生绩效的改变，学了等于白学。

学习者的积极参与是提高学习效果的关键。通过互动和参与，学习者可以更好地理解和吸收知识，同时也能够提高他们的学习动机和满意度。采用讨论、问答、小组合作等互动式教学方法，鼓励学习者提问和分享自己的想法。设计角色扮演、模拟演练等活动，让学习者在实践中学习，促进学习转化。

原则三：刺激情绪（Resonate Emotionally）

某公司在经历了几年的快速发展后，管理层发现，随着员工人数的增加，内部培训质量逐渐下降，许多员工在培训后仍感到困惑，无法将学到的内容应用于实际工作。为了提升培训效果，企业决定改革现有的培训体系，并引入多种教学方法，以激发员工的学习兴趣，提升培训效果。

在改革的过程中，培训部门特别邀请了一位有丰富经验的培训顾问。顾问观察了原本的培训流程，发现课程内容虽然完整，但呈现方式单一，基本上是讲师单方面讲解，员工被动接受，缺乏互动和参与感，容易分心。

为了改善这一情况，顾问建议采用以下多种教学方法：

案例分析。通过实际的工作场景和案例分析，让学员在解决问题的过程中加深对知识的理解。

小组讨论。学员分成小组，针对某一问题展开讨论，分享各自的见解，促使学员从多角度思考。

互动式问答。在授课过程中设置提问环节，鼓励学员积极参与，提高课堂的互动性。

角色扮演。模拟工作中可能遇到的情境，通过角色扮演帮助学员更好地掌握技能。

多媒体辅助。利用视频、动画、图表等多种媒体形式,丰富教学内容,让复杂的概念更易理解。

游戏化学习。将培训内容融入游戏机制中,调动学员的积极性和参与感。

分段复习。在课程中设立定期复习环节,帮助学员巩固之前学到的知识,避免遗忘。

经过一段时间的实施,公司发现员工的参与度大幅提升,培训课程变得更加生动有趣,员工能够更好地记住并运用培训内容。这种多样化的教学方法,不仅满足了不同学员的学习需求,还有效提高了学习的效果,最终促进了公司整体的工作效率和团队合作。

这个案例告诉我们,在培训中使用多种教学方法可以创造丰富的学习体验,让学员能够更加专注并主动参与。我们可以在课堂中结合视觉、听觉和动手操作等多种教学媒介,例如,使用视频、音频、图表、实物演示等不同的呈现方式,同时运用讲授、讨论、合作、项目等多种教学方法。有了多种刺激,课堂的情绪线就会像我们的"心电图"一样此起彼伏。如果只用单一的授课法去教学,课堂的"心电图"就会变成"一根直线",把课程讲死了。就好比我们开车一样,开车时什么路况最容易打瞌睡,一般是一马平川的高速路最容易打瞌睡,反而坑坑洼洼或者各种转弯的路况是最让人注意力集中的。课堂也一样,如果情绪线变成一根直线,学员是最容易打瞌睡的,但是如果课堂情绪线是一根此起彼伏的曲线,反而学员的注意力很专注。

原则四:多做演练(Extensive Practice)

根据 2003 年发表在《美国国家科学院院刊》的研究,练习之后使用的脑力与首次尝试需要的脑力相比,可以显著减少。这表明通过练习,学习者在执行任务时变得更加高效,大脑的处理过程也变得更加自动化,如图 4-4 所示。

在授课过程中,带着学员多做练习是至关重要的,因为练习是巩固学习成果、提高理解和应用能力的关键环节。课堂中多做练习有以下几点好处:

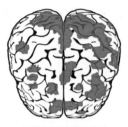
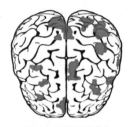

首次尝试需要的脑力　　　　　　练习之后使用的脑力

图 4-4　练习前后使用脑力的对比

加深理解和记忆。练习可以帮助学习者通过重复和应用来加深对知识点的理解。通过实际操作，学习者能够更好地记忆和掌握概念，因为练习通过将抽象的理论知识转化为具体的技能，使得学习内容更加牢固。

促进学习转化。多做练习有助于学习者将课堂上学到的知识转化为实际应用。通过解决实际问题或完成具体任务，学习者能够将理论知识与现实情境相结合，从而提高解决实际问题的能力。

增强学习动机。练习可以提供即时的反馈和成就感。当学习者通过练习掌握新技能或解决问题时，他们会感到满足和自豪，这有助于提高他们的学习动机和自信心。

发现和弥补知识漏洞。练习过程中可能会暴露出学习者的不足和误解。通过练习中遇到的错误和挑战，学习者可以及时发现并弥补自己的知识漏洞，讲师也可以根据练习结果调整教学策略。

培养解决问题的能力。通过多样化的练习，学习者可以培养解决各种问题的能力。练习不仅包括基础的重复性任务，还需要批判性思维和创造性思维解决问题。

适应不同学习风格。不同的学习者有不同的学习风格，多做练习可以满足各种学习风格的需求。例如，视觉学习者可能更喜欢图表和图像，而动手操作型学习者可能更倾向于实验室实践和模拟活动。

综上所述，多做练习是授课过程中不可或缺的一部分，它能够帮助学习者更好地掌握知识、提高技能、增强动机，并最终达到学习目标。作为课程开发专家，设计有效的练习活动是提高教学质量和学习成效的关键。

综合这四大原则，课程开发者应该努力创造一个内容丰富但不超载、学习者积极参与、练习充分且多样化刺激的学习环境。这样的课程设计能够有效提升学习者的参与度和学习成效，帮助他们更好地掌握知识和技能。

二、了解方法：十种常见的教学方法

教学方法对于课程的重要性不容忽视，它们在很大程度上决定了教学活动的效果和学习者的学习成果。了解常见的教学方法对于做出明智的选择至关重要。常见的教学方法包括但不限于以下十种：

1. 讲授法

讲授法是一种传统的教学方法，主要依赖讲师通过口头讲解来传授知识。讲师通过口头讲解、说明、描述和论证等方式，向学员传授知识、技能和态度。在企业课程授课中，讲授法可以快速传递大量信息，尤其适合介绍理论知识、概念框架或分析复杂问题。以下是讲授法的详细介绍和操作步骤。

讲授法的特点：

（1）信息传递：讲师是信息的主要来源，负责将知识传递给学员。

（2）系统性：讲授法通常按照一定的逻辑顺序进行，有助于学员系统地理解知识。

（3）灵活性：讲师可以根据学员的反馈和理解程度灵活调整教学内容和节奏。

（4）高效：在有限的时间内，可以向学员传授大量信息。

操作步骤：

（1）准备讲授内容：明确讲授的目标，设计课程内容，包括主题、子主题和关键点。

（2）引入主题：使用引人入胜的开场白吸引学员的注意力，概述将要讲授的内容。

（3）详细讲解：系统地讲解知识点，使用实例、比较等方法帮助学员理解复杂概念。

（4）互动提问：通过提问来检查学员的理解和参与度，鼓励学员提问，增加课堂互动。

（5）总结与反馈：对讲授的内容进行总结，强调关键点，提供机会让学员反馈，解答疑问。

举例说明：

假设我们正在为一家企业的管理人员进行"时间管理"的培训。

（1）准备讲授内容：设计课程内容，包括时间管理的定义、重要性、常见问题和高效技巧。

（2）引入主题：开场介绍时间管理对于提高工作效率的重要性，并预告将要讨论的主要内容。

（3）详细讲解：逐一讲解时间管理的各种技巧，如优先级排序、任务批处理、避免干扰等，并提供实际案例。

（4）互动提问：询问学员在日常工作中遇到的相关挑战，鼓励他们分享个人经验，并针对性地提问。

（5）总结与反馈：课程结束时，总结关键的时间管理技巧，询问学员对课程内容的理解程度，并解答他们的疑问。

通过讲授法，讲师可以系统地向管理人员传授时间管理的理论知识和实用技巧，帮助他们提升个人效率。

2. 问题引导法

问题引导法（Problem Based Learning，PBL）是一种以问题为中心的教学方法，它鼓励学员通过解决实际问题来学习知识。这种方法强调学员的主动参与和批判性思维，适用于企业培训领域。问题引导法是一种以学员为中心的教学方法，通过解决实际问题来激发学员的学习兴趣，培养学员的批判性思维、解决问题和自主学习的能力。以下是问题引导法的详细介绍和操作步骤。

问题引导法的特点：

（1）学员主导：学员在讲师的指导下，主动探索和解决问题。

（2）实际问题：以真实或模拟的现实问题为学习起点。

（3）团队合作：鼓励学员在小组内合作，共同解决问题。

（4）深度学习：通过解决问题的过程，学员能够深入理解知识。

操作步骤：

（1）问题选择：选择与课程目标相关且具有挑战性的问题。

（2）问题呈现：向学员清晰地呈现问题，并确保所有学员都理解问题的要求。

（3）小组讨论：学员分组讨论，共同分析问题，确定解决问题所需的知识和技能。

（4）解决方案设计：学员设计解决问题的方案，并在小组内讨论和完善。

（5）方案实施：学员实施解决方案，并观察结果。

举例说明：

假设我们正在为一家软件开发公司的员工进行"软件测试"的培训。

（1）问题选择：选择一个问题，"用案例说明，如何设计有效的测试并发现软件中的缺陷？"

（2）问题呈现：向员工清晰地介绍问题，并说明解决问题的重要性。

（3）小组讨论：员工分成小组，讨论问题，确定解决问题所需的测试理论和方法。

（4）解决方案设计：每个小组设计一个测试用例，并讨论如何应用到实际软件开发中。

（5）方案实施：小组选择一个实际的软件项目，应用设计的测试用例，并观察测试结果。

通过问题引导法，员工不仅能够学习到软件测试的理论知识，还能够通过解决实际问题来提升自己的测试技能和问题解决能力。

3. 故事教学法

故事教学法是一种以故事为载体的教学方法，它通过讲述故事来吸引学员的注意力，激发学员的兴趣，促进学员对知识的理解和记忆。在企业培训中，故事教学法可以帮助员工更好地理解复杂概念，增强培训的吸引力和实效性。故事教学法是一种利用故事来传授知识、技能和价值观的教学方法。它通过故事中的情节、角色和冲突来引发学员的思考，促进学员对知识的理解和应用。以下是故事教学法的详细介绍和操作步骤。

故事教学法的特点：

（1）情感共鸣：故事能够触动人的情感，增强学员对知识的认同感。

（2）情境模拟：故事提供了一个模拟的情境，帮助学员在安全的环境中探索和实验。

（3）启发思考：故事中的情节和冲突能够激发学员的好奇心和思考。

（4）易于记忆：故事的结构和情节有助于学员更好地理解和记忆知识。

操作步骤：

（1）故事选择：精心挑选一个与教学内容紧密相关且富有意义的故事。

（2）故事讲述：以引人入胜的方式讲述故事，确保故事内容清晰且情感丰富。

（3）关键点讨论：引导学员就故事中的关键情节、角色决策或道德寓意进行讨论。

（4）知识应用：将故事中的情境与实际工作或学习内容相联系，让学员思考如何将在故事中学到的教训应用到实践中。

（5）反思与行动：鼓励学员进行个人反思，明确他们从故事中学到的知识和技能，并制订行动计划，将这些教训应用到实际工作中。

举例说明：

以"星巴克的一杯免费咖啡"的故事为例，简化后的故事教学法操作步骤如下。

（1）故事选择：选择"星巴克的一杯免费咖啡"作为教学案例。

（2）故事讲述：讲述一位顾客因对咖啡不满意而得到免费重做一杯咖啡的故事。

（3）关键点讨论：讨论员工如何处理顾客不满，以及这体现了哪些客户服务原则。

（4）知识应用：联系客户服务的理论知识，讨论如何在日常销售工作中应用这些原则。

（5）反思与行动：员工反思自己在类似情况下的表现，并制订计划，以改善未来的客户服务。

通过这五个步骤，故事教学法可以高效地促进员工对知识的理解和应用，同时增强培训的吸引力和实效性。

4. 教具演示法

教具演示法是一种通过使用教具或视觉辅助工具来进行教学的方法，它可以帮助学员更直观地理解和掌握抽象或复杂的概念。在企业培训中，教具演示法尤其适用于介绍新产品、操作流程、技术原理等。教具演示法是一种辅助教学手段，通过展示实物、模型、图表、幻灯片等教具，使抽象的概念具体化，复杂的过程可视化，从而提高教学效果和学员的学习效率。以下是教具演示法的详细介绍以及操作步骤。

教具演示法的特点：

（1）直观性：通过视觉展示，帮助学员直观理解教学内容。

（2）互动性：学员可以通过观察、操作教具来加深理解。

（3）实用性：特别适用于介绍具体的操作流程和技术应用。

（4）记忆性：视觉记忆通常比文字记忆更为持久，有助于学员记忆知识点。

操作步骤：

（1）准备教具：根据教学内容准备相应的教具，如模型、图表、幻灯片等。

（2）介绍教具：在演示前，向学员介绍教具的名称、功能和使用方法。

（3）演示过程：逐步展示教具，解释每个部分的功能和作用。

（4）互动操作：邀请学员参与操作教具，通过实践加深理解。

（5）总结反馈：演示结束后，总结教具演示的关键点，鼓励学员提问和反馈。

举例说明：

假设我们正在为一家制造企业的新员工进行"生产线操作流程"的培训。

（1）准备教具：准备生产线的模型和相关的操作手册。

（2）介绍教具：向新员工介绍生产线模型的各个组成部分，如装配区、检验区和包装区。

（3）演示过程：通过模型演示产品从原材料到成品的整个生产流程，指出每个环节的关键操作点。

（4）互动操作：让新员工亲自操作模型，模拟生产流程，体验每个环节的操作。

（5）总结反馈：在演示结束后，总结操作流程的关键步骤和注意事项，鼓励新员工提出疑问和建议。

通过教具演示法，新员工能够直观地理解所学的内容，并通过实际操作加深记忆，提高工作效率。

5. 案例分析法

案例分析法是一种在企业培训中广泛使用的教学方法，它侧重于通过分析真实或虚构的情境案例来提升学员的决策能力、问题解决能力和批判性思维。案例分析法通过研究和讨论具体的案例，让学员在分析问题、制订解决方案和评估结果的过程中学习和应用知识。以下是案例分析法的详细介绍和操作步骤。

案例分析法的特点：

（1）情境模拟：使用真实或模拟的情境来分析问题。

（2）决策导向：强调学员在面临问题时的决策过程。

（3）批判性思维：鼓励学员进行深入思考和批判性分析。

（4）团队合作：通常涉及小组讨论，促进团队合作和交流。

操作步骤：

（1）选择案例：精心挑选与教学目标紧密相关的案例，确保案例具有代表性和挑战性。

（2）提供背景信息：向学员提供案例的背景信息，确保他们对案例的情境有充分的理解。

（3）小组讨论：将学员分成小组，让他们共同分析案例，提出问题并找到解决方案。

（4）方案制订：引导学员基于案例信息制订具体的行动方案，并讨论方案的可行性和潜在影响。

（5）结果分析与反思：讨论不同方案的可能结果，引导学员进行反思，评估决策过程和解决方案的有效性。

举例说明：

假设我们正在为一家市场营销公司的员工进行"危机管理"的培训。

（1）选择案例：选择一个关于产品召回的危机管理案例，例如某知名手机品牌电池爆炸事件。

（2）提供背景信息：向员工介绍案例背景，包括事件发生的时间、地点、涉及的产品和已知的影响。

（3）小组讨论：分配员工到不同的小组，让他们讨论案例中的关键问题，如危机沟通策略、召回流程和客户关系管理。

（4）方案制订：每个小组提出自己的危机管理方案，包括立即采取的措施、长期改进计划和预防措施。

（5）结果分析与反思：小组展示他们的方案，并讨论不同方案的潜在影响。引导员工反思决策过程，考虑如何改进危机管理策略。

通过案例分析法，员工不仅能够学习到理论知识，还能够通过实际操作来提升自己在真实情境下的应对能力。

6. 小组讨论法

小组讨论法是一种以学员为中心的教学方法，通过小组内的互动讨论来促进学员之间的交流、合作，并提升批判性思维。在企业培训中，这种方法可以有效地提高员工的沟通技巧、团队协作能力和解决实际问题的能力。小组讨论法是一种教学策略，讲师将学员分成小组，围绕特定的主题或问题进行讨论，以促进学员之间的互动和对问题的深入理解。以下是小组讨论法的详细介绍和操作步骤。

小组讨论法的特点：

（1）互动性：学员之间直接交流，分享观点和信息。

(2)合作性：学员需要协作，共同达成讨论目标。

(3)参与性：鼓励所有学员参与讨论，提高参与度。

(4)批判性思维：通过讨论，学员可以学习如何批判性地分析问题。

操作步骤：

(1)明确目标：确定讨论的目的和预期结果，确保讨论与教学目标一致。

(2)分组与角色分配：将学员分成小组，并为每个小组成员分配角色（如记录员、发言人等）。

(3)提供材料：向学员提供讨论所需的背景信息、阅读材料或问题。

(4)引导讨论：讲师提出引导性问题，激发学员思考，并引导讨论的方向。

(5)总结与反馈：讨论结束后，讲师总结讨论要点，提供反馈，并鼓励学员进行自我反思。

举例说明：

假设我们正在为一家科技公司的员工进行"创新思维"的培训。

(1)明确目标：目标是让员工理解如何在日常工作中运用创新思维解决问题。

(2)分组与角色分配：将员工分成五人一组，每组指定一名组长来引导讨论，一名记录员来记录关键点。

(3)提供材料：提供一些关于创新思维的阅读材料，如案例研究、理论框架等。

(4)引导讨论：提出一些问题，如"你如何定义创新？""在你的工作中，有哪些创新的机会？""阻碍创新的常见障碍是什么？"

(5)总结与反馈：在讨论结束时，让各组分享他们的讨论成果，讲师总结创新的关键要素，并提供如何在工作中运用创新思维的建议。

通过小组讨论法，员工可以在交流和合作中学习知识，同时提高团队协作和沟通能力。

7. 游戏活动法

游戏活动法是一种将游戏元素和活动融入教学过程的方法，旨在通过互动和娱乐的方式提高学习者的参与度、兴趣和动机。在企业培训中，游戏活动法可以有效地促进团队合作，提升沟通技巧、解决问题的能力以及对特定技能的掌握。游戏活动法是一种教学策略，它利用游戏的结构和互动性质来促进学习，帮助学习者在轻松愉快的环境中掌握知识、技能。以下是游戏活动法的详细介绍和操作步骤。

游戏活动法的特点：

（1）参与性：通过游戏活动，所有参与者都能积极地参与到学习过程中。

（2）互动性：鼓励学习者之间的交流和合作。

（3）竞争性：适当的竞争可以激发学习者的积极性和动力。

（4）反思性：游戏结束后的讨论和反思有助于深化学习效果。

（5）灵活性：可以根据培训目标和学习者的需求定制游戏。

操作步骤：

（1）目标设定：明确游戏活动的教学目标和预期学习成果。

（2）规则介绍：向学习者清晰介绍游戏的规则、流程和目标。

（3）分组与准备：将学习者分成小组，提供必要的材料和资源。

（4）游戏进行：在讲师的监督下，让学习者开始游戏，确保规则被遵守。

（5）总结反思：游戏结束后，引导学习者讨论游戏过程，反思学到的知识和技能。

举例说明：

假设我们正在为一家银行的员工进行"团队合作与沟通"的培训。

（1）目标设定：目标是提高员工的团队合作能力和沟通技巧。

（2）规则介绍：介绍一个名为"黑暗方阵"的游戏，其中一些员工被蒙上眼睛，而其他员工则通过口头指令引导他们完成任务。

（3）分组与准备：将员工分成若干小组，每组中一半的成员被蒙上眼睛，另一半成员负责指挥。

（4）游戏进行：在安全的场地内进行游戏，确保被蒙眼的成员在同伴的指令下穿越障碍物，到达目的地。

（5）总结反思：游戏结束后，让各组成员分享他们在游戏中的体验，讨论如何改进沟通和团队协作。

通过游戏活动法，员工在轻松愉快的氛围中学习知识，同时增强了团队凝聚力。

8. 学习竞赛法

学习竞赛法是一种通过竞赛形式激发学习者积极性和参与度的教学方法。它利用人类天生的竞争心理，鼓励学习者在一定的规则和条件下争取最佳表现。在企业培训中，这种方法可以提高员工的学习动力，增强团队合作精神，以及加深学习者对特定知识和技能的掌握。学习竞赛法是一种教学策略，通过组织学习者参与竞争性的活动或游戏，以竞赛成绩作为激励，促进学习者积极参与学习过程，提高学习效果。以下是学习竞赛法的详细介绍和操作步骤。

学习竞赛法的特点：

（1）激励性：竞赛可以激发学习者的积极性和求胜欲望。

（2）互动性：竞赛通常需要团队合作，增强了学习者之间的互动。

（3）目标导向：竞赛有明确的目标，帮助学习者集中注意力。

（4）多样性：竞赛形式多样，可以根据培训内容灵活设计。

（5）即时反馈：竞赛结果可以提供即时反馈，帮助学习者及时调整学习策略。

操作步骤：

（1）明确竞赛目标：确定竞赛的目的和预期的学习成果，确保与教学目标一致。

（2）设计竞赛规则：设计公平、透明且具有挑战性的竞赛规则，确保所有参与者都能明白如何赢得竞赛。

（3）分组与准备：将学习者分成若干小组，提供必要的资源和信息，确保每个小组都准备好参与竞赛。

（4）竞赛实施：在讲师的监督下进行竞赛，确保所有小组都遵守规则，维护竞赛的公正性。

（5）总结与反馈：竞赛结束后，总结竞赛过程和结果，提供反馈，强调学习过程中的关键点和经验教训。

举例说明：

假设我们正在为一家软件开发公司的员工进行"编程技能"的培训。

（1）明确竞赛目标：目标是提高员工的编程能力和解决复杂问题的能力。

（2）设计竞赛规则：设计一个编程竞赛，要求学习者在规定时间内解决一系列编程问题，正确率和速度将决定最终得分。

（3）分组与准备：将员工分成小组，每个小组配备一台计算机和必要的编程环境。

（4）竞赛实施：在指定的时间开始竞赛，各小组开始编程解决问题，讲师监督以确保遵守规则。

（5）总结与反馈：竞赛结束后，宣布获胜队伍，讨论在竞赛中出现的常见错误和优秀解决方案，提供编程技能的进一步改进建议。

通过学习竞赛法，员工不仅能够在竞争中提高自己的专业技能，还能够在团队合作中学习如何更有效地沟通和协作。

9. 角色扮演法

角色扮演法是一种模拟现实情境的教学方法，通过让学习者扮演特定角色并进行互动表演，来帮助他们更好地理解复杂概念、发展沟通技巧、提升团队合作能力以及增强同理心。在企业培训中，这种方法特别适合用于提升员工的领导力、客户服务技能、谈判技巧等。角色扮演法是一种互动式教学策略，学习者通过扮演特定的角色并模拟实际情境中的互动，来学习和发展相关的技能和知识。以下是角色扮演法的详细介绍和操作步骤。

角色扮演法的特点：

（1）体验式学习：学习者通过亲身体验来学习，增强理解和记忆。

（2）情境模拟：模拟真实或假设的情境，使学习者在安全的环境中练习技能。

（3）情感参与：通过情感投入和角色认同，增强学习者的同理心和责任感。

（4）互动交流：鼓励学习者之间的互动和沟通，提升团队协作能力。

（5）即时反馈：通过观察和评价角色扮演的表现，提供及时的反馈和指导。

操作步骤：

（1）确定目标和情境：明确角色扮演的教学目标和需要模拟的情境，确保与培训目标一致。

（2）角色分配和准备：根据情境的需要分配角色给学习者，并提供必要的背景信息和角色描述。

（3）角色扮演指导：向学习者解释角色扮演的规则和期望表现，确保他们理解自己的角色和目标。

（4）进行角色扮演：让学习者根据分配的角色进行表演，模拟实际情境中的互动和对话。

（5）反馈和讨论：角色扮演结束后，组织全体学习者进行反馈和讨论，分析表演中的优点和改进点。

举例说明：

假设我们正在为一家酒店的员工进行"客户服务与投诉处理"的培训。

（1）确定目标和情境：目标是提高员工的客户服务技能和处理投诉的能力。情境可能是处理一个客人的投诉。

（2）角色分配和准备：将员工分成小组，每组分配不同的角色，如前台接待、不满意的客人、旁观者等，并提供角色背景信息。

（3）角色扮演指导：向员工解释角色扮演的流程和注意事项，确保他们理解如何进行有效的沟通和处理投诉。

（4）进行角色扮演：每组开始模拟处理投诉的场景，前台接待需要运用良好的沟通技巧和客户服务原则来平息客人的不满。

（5）反馈和讨论：角色扮演结束后，组织讨论，让每位参与者分享自己的体验和学到的技巧，讨论如何改进服务流程。

通过角色扮演法，员工能够在模拟的真实情境中学习知识和技能，同时增强团队之间的沟通和协作。

10. 现场实操法

现场实操法是一种以实际操作为中心的教学方法，特别适用于那些需要通过实践来掌握技能的培训场景。在企业课程中，这种方法可以用于教授员工如何使用特定的机器、软件或执行特定的工作流程。现场实操法是一种教学策略，它要求学习者在真实的工作环境中或模拟的工作场景下，通过实际操作来学习特定的技能或完成任务。以下是现场实操法的详细介绍和操作步骤。

现场实操法的特点：

（1）实践性：强调通过实际操作来学习，而非仅仅理论学习。

（2）情境模拟：在尽可能接近真实工作条件的环境下进行训练。

（3）即时反馈：操作者可以立即看到操作的结果，并获得即时反馈。

（4）个性化学习：可以根据每个学习者的具体需求和进度进行个性化教学。

（5）技能掌握：有助于确保学习者能够熟练掌握必要的工作技能。

操作步骤：

（1）理论讲解：在实操前，提供必要的理论知识讲解，确保学习者理解操作的原理和目的。

（2）安全指导：强调安全规则和操作程序，确保学习者在安全的前提下进行实操。

（3）示范操作：由讲师或经验丰富的员工进行操作示范，展示正确的操作方法。

（4）实操练习：让学习者在监督下进行实际操作，鼓励他们尝试并练习所学的技能。

（5）反馈与评估：对学习者的实操表现进行评价，提供反馈，指出需要改进的地方。

举例说明：

假设我们正在为一家制造工厂的员工进行"机器操作"的培训。

（1）理论讲解：解释机器的工作原理、操作流程和相关的安全知识。

（2）安全指导：强调在操作机器时必须遵守的安全规则，如穿戴防护装备、紧急停止程序等。

（3）示范操作：由经验丰富的操作员展示如何正确启动机器、进行加工操作以及关闭机器。

（4）实操练习：在讲师监督下，让每位员工亲自操作机器，完成指定的生产任务。

（5）反馈与评估：在实操结束后，对每位员工的操作技能进行评估，提供改进建议和进一步的培训方向。

通过现场实操法，员工可以在真实的工作环境中学习并掌握必要的操作技能，这对于提高工作效率和确保生产安全至关重要。

这些教学方法各有特点，可以根据课程内容、学员特点和教学目标灵活选择和结合使用，以提高教学效果。

三、区分内容：课程中三种学习内容

课程学习内容分类可以分为布鲁姆分类和加涅分类。教育心理学家布鲁姆分类主要关注学习成果的三个领域：态度（Attitude，A）、技能（Skills，S）和知识（Knowledge，K）。而教育心理学家加涅分类则进一步将技能分为认知策略（Cognitive Strategies）、动作技能（Motor Skills）和智慧技能（Intellectual Skills），如图 4-5 所示。为了简化技能内容分类，此处不探讨"认知策略"。

在课程开发中，教学方法的选择不仅要基于学习内容，还要基于学习目标。我们可以从布鲁姆认知类学习目标层次理论来了解学习目标。

布鲁姆认知类学习目标层次理论是培训心理学中一个非常重要的概念，

由本杰明·布鲁姆（Benjamin Bloom）提出。该理论将认知领域的培训目标分为六个层次，从基础的记忆到高级的创造，每个层次都建立在前一个层次之上，如图4-6所示。

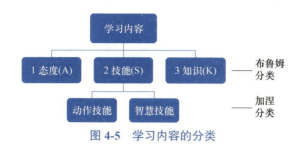

图 4-5　学习内容的分类

图 4-6　布鲁姆认知类学习目标层次理论

1. 记忆（Remember）

这是认知目标层次的最基础层次，涉及对事实、信息、概念和原则的回忆和识别。我们用"牛肉"来举例。在课程中，这可能包括识别牛肉的分类、回忆与牛肉相关的基本知识等。

2. 理解（Understand）

理解层次要求学习者能够解释和阐述信息，理解知识的含义和原理。例如，解释为什么牛肉好吃，包括其口感、营养价值等。

3. 应用（Apply）

应用层次要求学习者将所学知识应用到新的情境中。在烹饪课程中，学习者可能需要使用所学的烹制牛肉的方法来实际做一道菜。

4. 分析（Analyze）

分析层次要求学习者能够将复杂的知识或概念分解成若干部分，理解这些部分之间的关系。例如，分析制作牛肉菜肴的关键步骤和方法。

5. 评价（Evaluate）

评价层次要求学习者能够评估信息，提出判断，并进行创新。例如，能够判断并检查出各种牛肉菜肴的好坏，并能说明其理由。

6. 创造（Create）

创造是认知目标层次的最高级别，要求学习者能够创造新的模式或产品，或者对现有知识进行批判性评价。在烹饪领域，这可能表现为创新多种关于牛肉的新菜系。

在课程开发中，讲师需要根据这些层次来设计教学目标和活动，确保学习者能够从基础的记忆和理解逐步发展到应用层级，甚至高级的分析、评价和创造层级。当然大部分课程课堂上能实现的学习目标基本集中在"下三层"，也就是记忆、理解和应用层级。这样的层次化目标有助于促进学习者的深度学习，提高他们的批判性思维和创新能力。

以下是各类课程内容适合的教学方法。

知识类课程内容适合的教学方法：

讲授法：适用于传授理论知识和概念。

故事教学法：通过故事来讲解理论，使抽象的知识更加生动。

案例分析法：通过分析具体案例来理解理论知识的应用。

态度类课程内容适合的教学方法：

角色扮演法：通过模拟不同角色，培养学习者的同理心和社会责任感。

小组讨论法：通过讨论和交流，培养学习者的合作精神和尊重他人的态度。

故事教学法：通过情感丰富的故事来影响学习者的情感和价值观。

软技能类课程内容（智慧技能）适合的教学方法：

问题引导法：通过提出问题引导学习者进行批判性思考和解决问题。

案例分析法：通过分析案例来培养学习者的分析和决策能力。

学习竞赛法：通过竞赛激发学习者的学习动力和战略思维。

硬技能类课程内容（动作技能）适合的教学方法：

现场实操法：通过实际操作来学习技能，如实验室操作、机械操作等。

教具演示法：使用教具或模型进行演示，帮助学习者理解技能的操作流程。

游戏活动法：通过游戏活动来练习技能，如体育训练、模拟驾驶等。

在课程开发中，教学方法的选择应该基于课程内容的类型和学习目标。知识类内容可能更侧重于讲授和理解，而态度类内容可能需要通过情感和体验来影响学习者。软技能和硬技能类内容则需要通过实践和操作来培养。综合运用多种教学方法，可以更好地满足不同课程内容的教学需求，提高学习者的参与度和学习成效。

四、选择教法：如何用 AI 快速选择教学方法

在明确了原则、了解了方法并区分了内容之后，接下来就是实际选择教学方法的环节。在这个步骤中，可以根据前面的分析来决定最适合的教学方法。如果有必要，可以结合多种教学方法来达到最佳的教学效果。例如，可以将讲授法和讨论法结合，以确保学习者既能够接收知识，又能够通过讨论深化理解。

在实际应用中，可以利用 AI 来辅助选择教学方法。通过向 AI 提供课程的详细大纲信息和上述原则、方法、内容的分析结果，撰写明确的指令，AI 可以帮助你选择最合适的教学方法。例如，我们还是以"采购谈判技巧"这个课程来举例。AI 有上下文理解能力，前面我们已经让 AI 出了详细的课程大纲，那么就可以直接命令 AI 基于前面的课程详细大纲，选择合适的教学方法。

用 AI 选择教法指令参考：

Q：请扮演课程开发专家，站在课程开发的角度，为［以上课程］内容加入合适的教学方法，例如案例分析、模拟演练、现场实操等教学方式，一

定要和课程知识点相匹配。

A：作为课程开发专家，为了提高采购谈判技巧课程的教学效果，我们可以结合不同的教学方法来加强知识点的吸收和应用。以下是针对上述课程内容匹配的教学方法：

一、谈判前准备

- **案例分析：**
  - 通过分析历史谈判案例，让学员了解在不同情境下如何进行有效的准备和策略制定。
  - 讨论案例中的成功和失败因素，引导学员思考如何在实际情况中应用。

- **角色扮演：**
  - 在建立议程环节，通过模拟不同角色（采购方、供应商等），让学员体验并练习制订议程的过程。
  - 通过角色扮演，学员可以在模拟环境中练习心理建设和策略讨论。

二、谈判中阶段

- **模拟演练：**
  - 设计一系列模拟谈判场景，让学员分组进行角色扮演，实际演练谈判过程。
  - 通过模拟演练，学员可以实践有效沟通、策略运用和节奏控制的技巧。

- **实时反馈：**
  - 在模拟谈判中，教练或导师可以提供实时反馈，指导学员如何调整策略和应对突发情况。
  - 学员可以根据反馈即时改进，加深对谈判技巧的理解和掌握。

三、谈判后阶段

- **小组讨论：**
  - 学员分组讨论谈判后的总结评估，分享各自的观察和学习点。
  - 通过小组讨论，学员可以互相学习，共同提升对谈判后阶段重要性的认识。

- **现场实操：**
  - 安排与供应商的真实谈判场景，让学员在指导下参与谈判。
  - 现场实操能够让学员将理论知识应用于实际情境中，增强实战经验。

- **合同审查工作坊：**
  - 举办工作坊，教授学员如何审查合同条款，并识别潜在的法律风险。
  - 通过工作坊的互动学习，学员可以加深对合同签订重要性的理解。

通过以上教学方法的融入，学员不仅能够理解采购谈判的理论框架，还能够在实践中深化认识，提升自身的谈判技巧。这种结合理论与实践的教学方式，将极大地提高课程的教学效果和学员的学习满意度。

通过这些步骤，你可以确保所选择的教学方法与课程的目标、内容和学习者的需求相匹配，从而提高课程的质量和效果。

第五章
搜集素材：让课程讲解更有吸引

选择完教学方法以后，接下来我们就要根据教学方法去搜集对应的素材。素材对于一个课程到底有多重要，我通过"面条理论"来比喻素材的重要性。

一、优秀课程逻辑与面条理论

面条理论是一个富有启发性的比喻，用于描述如何构建一个既充实又吸引人的课程。这个理论通过将课程内容比作面条，教学素材和方法比作佐料，强调了在课程设计中平衡干货（核心知识）和佐料（辅助元素）的重要性。这个理论强调，在课程开发和讲授过程中，不仅要有扎实的专业知识（即"面条"），还需要有各种辅助的教学素材和方法（即"佐料"），以增强课程的吸引力和教学效果。就像我们吃面条一样，不能碗里全是面条，也要放一些佐料进行搭配，这样做出来的面条才会好吃，课程也是一样，我们在讲授课程的时候，不能全讲干货，也需要搭配视频、故事、案例等素材和教学方法去讲，这样更加生动。

以下是面条理论中课程干货和佐料的详细介绍。

（一）课程干货：核心知识

1. 专业知识

这是课程的基础，包括学科知识、技能和理论。它是课程的主要内容，就像面条是一碗面的核心。

2. 方法工具

指课程中与课程主题相关的各种方法、技巧、工具和表格等内容。

3. 技术参数

指课程中涉及的具体技术细节、规格、性能指标等。这些参数可能包括设备操作的具体步骤、软件的使用技巧、工程设计的参数要求等。

4. 原理说明

这是指对课程中涉及的理论和概念的深入解释，帮助学习者理解背后的原理和逻辑。

（二）课程佐料：辅助元素

1. 教学形式

这包括课程的呈现方式，如线下面授、线上直播、读书会/拆书课、剧本杀、拓展培训、私董会等。

2. 教学方法

这涉及教师用来传授知识的方法，如讲授法、小组讨论法、案例分析法、教具演示法、视频引导法、游戏活动法、现场实操法等，旨在提高学习者的参与度和理解。

3. 培训素材

一般分成四种，分别是文字素材、视听素材、实物素材和互动素材。

4. 培训环境

一般分成五种，分别是空间设计、设施配置、技术支持、组织文化和服务保障。

关于课程佐料种类，详细内容如图 5-1 所示。

面条理论强调，虽然专业知识等干货是课程的核心，但没有适当的教学形式、方法和素材的支持，课程可能会变得枯燥无味。正如一碗只有面条而没有佐料的面不够美味一样，课程也需要通过各种教学素材和方法的搭配，来激发学习者的兴趣，提高他们的参与度和学习成效。通过这种平衡，课程开发者能够创造出既有深度又有吸引力的学习体验，从而提高教学质量和学习者的满意度，以达到最佳的教学效果。

二、常见的十种培训素材

前面章节中我们已经重点介绍了一下教学方法，这一章节我们给大家重点介绍一下十种常见的课程培训素材，并提供各自的用法和示例：

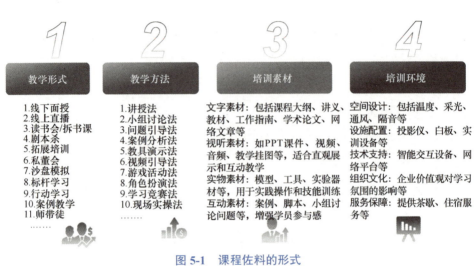

图 5-1　课程佐料的形式

1. 故事（事件）

用法：通过讲述与课程内容相关的故事或事件，增加情境感，激发学习者的兴趣和情感共鸣。

示例：在领导力培训中，讲述乔布斯如何领导苹果公司创新的故事，以启发学习者。

2. 视频（FLASH）

用法：利用视频或动画展示复杂概念、流程或操作，使学习内容更加直观易懂。

示例：在急救课程中，播放心肺复苏（CPR）操作的视频教程。

3. 音乐（音频）

用法：使用音乐或音频材料来创造氛围、提供背景信息或辅助记忆。

示例：在语言学习课程中，使用音频练习发音和听力理解。

4. 案例

用法：提供真实或虚构的案例，让学习者分析问题、提出解决方案，培养批判性思维。

示例：在商业伦理课程中，分析安然公司丑闻的案例，讨论企业道德问题。

5. 游戏

用法：通过游戏化学习活动提高学习者的参与度和动机，同时学习知识和技能。

示例：在团队建设培训中，设计团队合作游戏以增强团队协作能力。

6. 图片

用法：使用图片展示信息、概念或情境，帮助学习者形成视觉记忆。

示例：在艺术史课程中，展示名画图片来分析艺术风格和技巧。

7. 实物（道具）

用法：使用实物或道具进行演示或操作，增强学习者的感官体验和实践技能。

示例：在烹饪课程中，使用食材和厨具进行现场烹饪演示。

8. 名句（典故）

用法：引用名言或历史典故来传达特定的道理或启发思考。

示例：在哲学课程中，引用苏格拉底的名言来探讨知识的本质。

9. 新闻事件

用法：结合时事新闻，让学习者了解课程内容在现实世界中的应用和影响。

示例：在经济学课程中，讨论最近的股市波动，分析经济政策的影响。

10. 专业数据

用法：提供数据、统计和研究结果，支持学习者进行分析和决策。

示例：在市场营销课程中，使用市场调研数据来讨论消费者行为趋势。

这些培训素材可以单独使用，也可以相互结合，以创造一个丰富多样的学习体验。那么如何搜集课程素材呢？

三、素材搜集的四种途径

在课程开发过程中，搜集高质量的培训素材是构建有效教学内容的关键。储备知识或素材如同取经，这是一个持续的探索和积累知识的过程。素材搜集途径主要有四种方式：向课程取经、向网络取经、向书本取经、向AI取经。以下是四种途径的介绍，以及如何利用它们来丰富你的课程内容，如图 5-2 所示。

图 5-2　常见四种搜集素材的方式

1. 向课程取经

参加线上或线下的课程、研讨会和讲座是获取第一手教学素材的有效途径。在这样的场合中，你可以：

（1）记录关键点：在听课过程中，记下讲师提出的重要概念、理论、案例和讲解。

（2）保存教学资料：获取并保存讲师提供的教学幻灯片、讲义和其他辅助材料。

（3）整理和分类：课后，将搜集的素材按主题和重要性进行整理和分类，以便后续使用。

比如，在一场关于领导力的研讨会中，可以记录下讲师分享的领导力发展模型和实际企业案例，这些可以直接用于你的管理培训课程中。

2. 向网络取经

互联网是一个巨大的知识宝库，可以通过搜索引擎和专业网站来搜集与课程主题相关的素材。具体步骤包括：

利用搜索引擎：输入相关关键词，搜索网络文库（百度文库等）、视频平台（抖音、视频号、今日头条、B 站、优酷、爱奇艺等）、社交媒体（微博、公众号、知乎）等，寻找高质量的素材。

（1）注意版权问题：下载或截图所需内容时，注意版权和引用规范，确保合法使用。

（2）归档整理：将搜集的素材进行归档整理，确保易于检索和使用。

比如，在准备一门关于数字营销的课程时，可以从网络上搜集最新的营销策略视频、成功案例分析和行业报告，作为课程的实践部分。

3. 向书本取经

樊登读会书（现改名为帆书）创始人樊登老师曾说："我为了准备危机公关课程，去买了三本关于危机公关的书。看完这三本书后，我脑子里便出现了一个危机公关的课程大纲。于是我就将那三本书的内容综合在一块儿，写了一个长长的PPT，这就形成了一个危机公关的课程。"

书籍是知识的载体，通过阅读可以获取深入的见解和理论基础。在搜集素材时，你可以：

（1）标记重要内容：在阅读过程中，标记书中的故事、案例、金句、模型等有价值的信息。

（2）制作笔记：制作详细的书摘和笔记，或扫描重要页面，以便后续参考。

（3）整合到课程中：将书中的素材与课程内容相结合，形成完整的教学大纲和活动。

比如，在开发心理学课程时，可以从心理学书籍中提取关于认知行为疗法的章节，作为课程的理论基础。

4. 向 AI 取经

AI 技术的发展为素材搜集提供了新的途径。利用 AI 工具和平台，你可以：

（1）智能搜索：通过输入关键词或问题，获取 AI 推荐的内容和素材。

（2）评估素材质量：对 AI 提供的素材进行评估，确保其相关性和准确性。

（3）优化课程内容：结合 AI 的建议，整合和优化课程内容，使其更加丰富和前沿。

比如，在准备关于机器学习的课程时，你可以通过 AI 工具获取最新的机器学习算法和应用实例，确保课程内容的先进性和实用性。

通过这四种途径，你可以搜集到丰富多样的教学素材，为你的课程增添色彩和深度，从而丰富课程内容，提高教学效果。重要的是要确保素材的质量、相关性和合法性，同时保持对学习者需求的敏感性和对教学目标的清晰认识。记住，素材搜集是一个持续的过程，需要你不断地探索和学习，就像取经一样，每一步都充满了发现和成长。接下来我们重点介绍一下如何用 AI 搜集素材。

四、用 AI 搜集素材实战解析

利用 AI 强大的知识库和搜索能力，可以找到对应主题的素材。我们前面一个章节给大家介绍了教学方法的选择，每种教学方法其实都需要匹配对应的素材，比如案例分析法一定要匹配案例素材，角色扮演法一定要匹配脚本素材或者案例素材，都是一一对应的关系。

我们还是以"采购谈判技巧"课程为例，前面已经让 AI 帮助我们为各个单元设定好了教学方法，接下来我们就可以利用 AI 的上下文理解能力，直接让 AI 帮我们按照教学方法生成对应的课程素材，但一定要注意，需要针对每个单元逐一设计课程素材，不能一次性生成所有课程内容的素材，因为 AI 输出长度有限制，所以很难一次性生成所有单元的课程素材，即便能生成，效果也没有逐一生成的好。

（一）"采购谈判技巧"课程第一单元素材生成

我们看到第一单元"谈判前准备"AI 设计了两种教学方法，一种是案例分析法，另一种是角色扮演法。所以我们需要让 AI 生成对应的素材是案例和角色扮演的脚本。

用 AI 生成案例和脚本素材参考指令：

Q：请扮演课程开发专家，针对以上课程的［"谈判前准备"］这一单元的内容，所用到的教学方法：［案例分析法与角色扮演法］，请告诉我详细的操作过程，并帮我设计好［需要分析的案例和角色扮演的脚本］。（注："［ ］"内的内容为示例，可替换成自己需要的内容）

A：作为课程开发专家，针对"谈判前准备"这一单元，我们可以采用案例分析和角色扮演的教学方法来加强学员的理解和实践能力。以下是详细的操作过程和所需材料的设计：

案例分析操作过程：

1. 案例选择：

选择与采购谈判相关的实际案例，确保案例涵盖了谈判前准备的各个方面，如市场调研、目标设定、策略制定和材料准备。

2. 案例分发：

将案例材料提前分发给学员，让他们有足够的时间阅读和理解案例内容。

3. 引导问题：

设计一系列引导问题，帮助学员深入分析案例，例如："在这个案例中，采购方如何进行市场调研？""他们设定了哪些谈判目标？"等。

4. 小组讨论：

将学员分成小组，每组讨论引导问题并分享自己的见解。

5. 案例解析：

在小组讨论后，作为讲师，您将对案例进行深入解析，指出案例中的关键成功因素和可改进之处。

6. 总结反馈：

鼓励学员提出问题和自己的看法，最后进行总结反馈，强调谈判前准备的重要性和实用技巧。

角色扮演操作过程：

1. 角色设计：

设计角色卡片，包括采购方代表、供应商代表以及其他相关利益方。

为每个角色提供背景信息和谈判目标，确保角色设定符合实际情况。

2. 场景设置：

根据谈判前准备的内容，设计一个或多个谈判场景，如与新供应商的初次谈判、续签合同的谈判等。

3. 角色分配：

根据学员人数和背景，将角色卡片分配给每位学员。

4. 预演准备：

给学员时间准备自己的角色，熟悉角色背景和谈判目标。

5. 角色扮演：

在模拟的谈判场景中，让学员扮演各自的角色进行谈判。

学员需要运用谈判前的准备工作，如市场调研结果、目标设定等来指导自己的谈判策略。

6. 评估反馈：

角色扮演结束后，进行评估和反馈。

学员可以自评和互评，讲师也应提供专业的反馈和建议。

设计案例和角色扮演脚本：

案例名称：与 XYZ 食品供应商的初次合作谈判

背景：

ABC 食品公司计划扩大产品线，需要与新的原材料供应商 XYZ 公司进行谈判。

ABC 公司希望降低原材料成本，同时保证原材料的质量和供应的稳定性。

XYZ 公司是市场上的主要原材料供应商，拥有良好的声誉和稳定的产品质量。

引导问题：

ABC 公司在进行市场调研时发现了哪些关键信息？

ABC 公司如何根据市场调研结果设定谈判目标？

ABC 公司制定了哪些策略来应对可能的谈判挑战？

角色扮演脚本：

角色：采购经理（学员扮演）、供应商销售经理

场景：初次会面，讨论合作细节

背景信息：

采购经理：了解公司的成本控制需求，希望通过谈判获得更优惠的价格和更好的服务。

销售经理：希望扩大市场份额，愿意提供一定的优惠，但需要考虑公司的利润和成本。

谈判目标：

采购经理：争取至少10%的价格折扣，要求供应的原材料质量符合公司标准，交货时间要灵活。

销售经理：希望建立长期合作关系，愿意提供一定的价格优惠，但需要保证订单量。

角色扮演流程：

1. 自我介绍和背景说明。

2. 双方提出各自的谈判目标和条件。

3. 互相交流市场调研结果和策略考虑。

4. 尝试找到共同点，提出初步的合作方案。

5. 模拟解决可能出现的分歧和问题。

通过以上案例分析和角色扮演的设计，学员可以在实践中深入理解谈判前准备的重要性，并掌握相关的技巧和方法。

我们可以看得出，AI给我们生成的案例和脚本素材非常详细，并且质量也非常高，我们稍微修改一下就可以放在课件中进行使用了。接下来我们继续让AI生成第二单元的素材。

（二）"采购谈判技巧"课程第二单元素材生成

我们看到第二单元"谈判中阶段"AI设计了1个教学方法就是模拟演练，并需要实时反馈。所以我们需要让AI生成对应模拟演练所需的脚本素材。

用 AI 生成模拟演练脚本素材参考指令：

Q：请扮演课程开发专家，针对以上课程的［"谈判中阶段"］这一单元的内容，所用到的教学方法：［模拟演练］。请告诉我详细的操作过程，并帮我设计好［角色扮演的脚本］。（注："[ ]"内的内容为示例，可替换成自己需要的内容）

A：作为课程开发专家，针对"谈判中阶段"这一单元，我们可以采用模拟演练的教学方法来加强学员的实际操作能力。以下是详细的操作过程和角色扮演脚本的设计：

模拟演练操作过程：

1. 准备阶段：

设计一个或多个与谈判中阶段相关的情境，确保情境覆盖有效沟通、策略运用和控制节奏等方面。

准备角色卡，为每个角色定义具体的背景信息、谈判目标和策略。

2. 角色分配：

根据学员人数，将学员分配到不同的角色中，如采购方代表、供应商代表、项目经理等。

确保每个学员都清楚自己的角色和目标。

3. 情景说明：

向学员详细说明模拟演练的情景背景、目标和预期成果。

强调在模拟中需要注意的关键点，如沟通技巧、策略选择和时间管理。

4. 模拟演练：

让学员根据角色卡和情景背景进行模拟谈判。

学员需要运用所学的谈判技巧，如提出和探索解决方案、有效沟通和策略运用。

5. 观察与记录：

教练或导师在模拟过程中进行观察，记录学员的表现和关键互动。

学员也可以相互观察，记录对方的谈判策略和沟通方式。

6. 反馈与讨论：

模拟结束后，组织学员进行反馈和讨论。

讨论每个小组的策略选择、沟通效果和时间控制等方面的表现。

教练或导师提供专业的反馈和改进建议。

角色扮演脚本设计：

情景背景：原材料价格谈判

角色：

采购经理（学员A）：负责为公司谈判原材料价格，目标是降低成本，同时保证质量。

供应商销售代表（学员B）：希望保持或提高产品价格，同时增加销量。

谈判目标：

采购经理：争取获得至少5%的价格折扣，同时要求保证原材料的质量标准。

供应商销售代表：希望维持当前价格或只接受最小幅度的降价，同时寻求增加订单量。

模拟演练流程：

1. 开场介绍：双方进行自我介绍，明确谈判的目的和各自的立场。

2. 需求表达：采购经理表达降低成本的需求，供应商销售代表阐述产品的优势和市场定位。

3. 策略运用：双方根据对方的立场提出自己的策略，如采购经理提出量大优惠的可能性，供应商销售代表提出长期合作的优惠方案。

4. 解决方案探索：双方就价格、质量、交货时间等因素进行讨论，尝试找到双方都能接受的解决方案。

5. 达成共识：在一定时间限制内，双方达成初步协议，或提出进一步讨论的计划。

通过这样的模拟演练，学员可以在安全的环境中尝试不同的谈判策略，学习如何在实际谈判中运用沟通技巧和控制节奏。同时，通过观察和反馈，学员能够更好地理解谈判中阶段的复杂性和挑战性，为未来的实际谈判做好准备。

（三）"采购谈判技巧"课程第三单元素材生成

我们看到第三单元"谈判后阶段"AI设计了三个教学方法分别是小组讨论法、现场实操法、合同审查工作坊。所以我们需要让AI生成对应小组讨论的问题、以及现场实操的谈判场景。

（四）用AI生成模拟演练脚本素材

Q：请扮演课程开发专家，针对以上课程的["谈判后阶段"]这一单元的内容，所用到的教学方法：[小组讨论和现场实操]。请告诉我详细的操作过程，并帮我设计好[小组讨论的问题和现场实操的谈判场景]。（注："[ ]"内的内容为示例，可替换成自己需要的内容）

A：作为课程开发专家，为了加强学员对"谈判后阶段"这一单元内容的理解和应用，我们可以采用小组讨论和现场实操的教学方法。以下是详细的操作过程和所需材料的设计。

小组讨论操作过程：

1. 问题设计：

根据谈判后阶段的关键知识点，设计一系列讨论问题，如合同审查、执行监督和关系维护等。

2. 分组：

将学员分成小组，每组5~6人，以便每个成员都有机会参与讨论。

3. 问题分发：

将设计好的问题分发给各个小组，并给予一定的时间让学员准备和思考。

4. 讨论引导：

引导学员就每个问题进行深入讨论，鼓励他们分享自己的经验和观点。

5. 分享与反馈：

每个小组选出一名代表，向全班分享他们的讨论结果。

其他小组成员和讲师可以提供反馈和补充意见。

6. 总结提炼：

讲师对各组的讨论结果进行总结，并提炼出关键的知识点和最佳实践。

现场实操操作过程：

1. 场景设计：

设计一个与谈判后阶段相关的实际工作场景，如合同签订仪式、供应商会议或项目回顾会议。

2. 角色分配：

根据场景需要，为学员分配不同的角色，如采购经理、供应商代表、法务顾问等。

3. 实操准备：

提供必要的背景资料和工具，如模拟合同、会议议程和相关法规指南。

4. 现场模拟：

让学员根据分配的角色和场景进行现场模拟，执行谈判后阶段的相关任务。

5. 观察记录：

讲师和其他学员可以观察现场实操，记录关键行为和决策过程。

6. 反馈讨论：

实操结束后，组织学员进行反馈和讨论，分析现场实操中的表现和可能的改进点。

7. 总结提升：

讲师根据实操情况和讨论结果，提供专业的反馈和指导，帮助学员提升谈判后阶段的实际操作能力。

小组讨论问题设计：

1. 如何确保合同条款准确反映谈判结果，并避免歧义？
2. 在谈判结束后，如何有效地监督合同的执行，确保供应商履行承诺？
3. 遇到供应商未能按合同履行义务时，应采取哪些措施？
4. 如何维护与供应商的长期合作关系，即使在谈判中存在分歧？
5. 谈判后阶段，如何进行有效的总结评估，以提升未来的谈判效率？

现场实操谈判场景设计：

场景：合同签订与执行监督

背景：

采购方与供应商经过一系列谈判，最终达成了合作意向。

双方准备签订正式合同，并讨论合同执行的细节。

角色：

采购经理：负责签订合同，并确保合同的执行符合预期。

供应商代表：希望顺利签订合同，并在执行过程中保持良好的合作关系。

法务顾问：负责审查合同条款，确保合法合规。

任务：

1. 双方审查合同草案，讨论并解决存在的疑问和不一致之处。
2. 模拟签订合同仪式，交换合同文本并确认合作条款。
3. 讨论合同执行过程中可能出现的问题和解决方案。
4. 制定合同执行监督计划，确保双方的合作顺利进行。

通过小组讨论和现场实操的结合，学员可以在理论和实践中都得到锻炼，从而全面提升自己在谈判后阶段的能力。

（五）用 AI 撰写案例素材

当然，我们也可以让 AI 生成指定主题和要求案例。案例撰写通常要符合 STAR 结构，这是一种非常有效的框架，可以帮助学习者更好地理解和分析情境。STAR 是由情境（Situation）、任务（Task）、行动（Action）和结果（Result）的首字母组成，它为案例提供了一个清晰的结构，使学习者能够系统地思考和解决问题。以下是 STAR 结构的详细介绍。

1. 情境（Situation）

描述：情境是案例的背景，提供了事件发生的环境和条件。在这部分，你需要详细描述案例发生的时间和地点、涉及的人物、相关的组织背景以及任何可能影响情境的外部因素。

目的：为学习者提供一个具体的背景，帮助他们理解案例的上下文和相关性。

示例：在销售培训案例中，情境是一家面临激烈竞争的公司，需要提高市场份额。

2. 任务（Task）

描述：任务是案例中的主要问题或挑战，是学习者需要解决的核心问题。在这部分，你需要明确指出学习者需要完成的具体任务或目标。

目的：定义学习者需要达成的目标，为他们提供一个清晰的方向和焦点。

示例：在上述销售案例中，任务可能是"设计一个新的市场推广计划，以提高产品的销量"。

3. 行动（Action）

描述：行动是案例中人物为解决问题所采取的措施。这部分描述了解决问题的过程、所采取的策略和方法，以及实施的具体步骤。

目的：展示解决问题的多种可能性，让学习者思考哪些行动是有效的，哪些可能存在问题。

示例：在上述案例中，行动可能包括市场调研、竞争对手分析、目标客户定位、推广活动的策划和执行。

4. 结果（Result）

描述：结果是行动的最终效果，包括成功或失败的经验。这部分需要总结行动的结果，评估其对情境的影响，并提供反思和学习的机会。

目的：让学习者了解行动的后果，从而吸取经验教训，提高决策和问题解决的能力。

示例：在上述案例的结尾，结果可能展示了市场推广计划的成效，包括销量的增长、市场份额的提升以及客户反馈。

通过使用STAR结构，课程开发者可以创建出结构清晰、目标明确、内容充实的案例，这些案例能够有效地提升学习者的批判性思维和实践能力。此外，这种结构也便于学习者跟随案例的发展，理解复杂情境，并应用所学知识来解决实际问题。

明白了STAR案例开发的结构和逻辑以后，接下来，我们就可以让AI帮我们撰写指定主题和要求的案例。

参考指令如下：

Q：请扮演课程开发专家，帮我设计一个［因为采购员不会谈判，而导致失去和客户合作的机会］的案例，用来做案例分析，案例结构要符合 STAR 的结构模型，是一个完整的故事，并且故事有起因、经过、结果、时间、地点和人物。(注:"[ ]"内的内容为示例，可替换成自己需要的内容）

A；案例名称：失去的合作机会

情境（Situation）：

时间：2023年秋季

地点：中国南方的一家中型企业，主要从事家电制造

人物：李明，公司采购部门的一名新晋采购员；张总，长期合作的供应商负责人；刘经理，采购部门经理

任务（Task）：

起因：公司计划扩大生产线，需要采购一批新的原材料。李明被指派负责与现有供应商谈判，以确保原材料的质量和成本控制。然而，李明缺乏谈判经验，对市场行情和供应商的了解不足。

行动（Action）：

经过：李明在准备阶段没有进行充分的市场调研，也没有与团队成员进行充分的沟通，以了解过往的谈判策略和供应商的特点。在谈判中，他未能清晰表达公司的需求，也未能有效地倾听供应商的立场。由于缺乏策略运用，李明在价格谈判中过于直接，没有预留谈判空间，导致供应商感到不满。同时，他在控制谈判节奏上表现得过于急切，未能适时总结和调整谈判方向。

结果（Result）：

结果：由于李明的谈判技巧不足，供应商最终拒绝了进一步合作的提议，并开始寻找其他潜在的合作伙伴。公司不得不寻找新的供应商，这导致了原材料成本的上升和供应链的不稳定。刘经理意识到采购部门需要加强谈判技巧的培训，以避免类似的损失再次发生。

教训：

充分的准备是谈判成功的关键，包括市场调研、目标设定和策略制定。

有效沟通和倾听技巧对于理解对方立场和需求至关重要。

谈判过程中的策略运用和节奏控制能够增加达成协议的可能性。

持续的学习和实践是提升谈判技巧和避免未来失误的重要途径。

通过这个反面案例的分析，学员可以了解到在采购谈判中缺乏准备和技巧可能带来的严重后果，并从中学习到如何避免类似的错误，提升自己的谈判能力。

（六）用 AI 撰写金句素材

Q：请扮演课程开发专家，为这个［采购谈判技巧课程］设计 10 个金句，突出［学好谈判技巧对于采购员的重要性］，金句的特点是朗朗上口、通顺押韵、短小精悍。（注："［ ］"内的内容为示例，可替换成自己需要的内容）

A：以下是关于采购谈判技巧的 10 个金句：

1. 谈判桌上显神通，采购技巧定乾坤。

2. 精算成本细思量，谈判高手赢未来。

3. 供应商前站稳脚，谈判技巧是关键。

4. 采购之路多险阻，谈判智慧开新局。

5. 成本控制非易事，谈判艺术助飞跃。

6. 知己知彼百战不殆，采购谈判赢商机。

7. 策略运用如弈棋，采购成功在智取。

8. 谈判非战而屈人之兵，采购之道在沟通。

9. 市场波动不畏惧，谈判技巧稳如山。

10. 采购谈判如舞步，节奏掌控赢先机。

（七）用 AI 搜集视频素材

我们可以利用 AI（DeepSeek 或 Kimi）强大的联网功能，直接让 AI 帮我们搜集视频素材或者是数据素材，如图 5-3 所示。

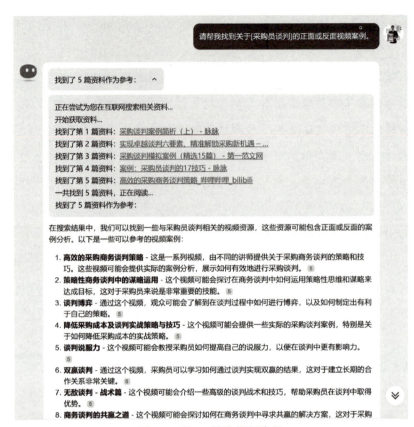

图 5-3　用 AI 搜集视频素材

（八）用 AI 设计课程开场

作为课程开发专家，设计一个引人入胜的课程开场的重要性不可忽视，根据首因效应（Primacy Effect），人们倾向于记住一系列信息中的第一个项目，这些项目比列表中间或末尾的项目更容易被记住。

如何快速设计精彩开场，推荐使用"SCQA 开场法"。SCQA 开场法是一种结构化的方法，用于设计和呈现课程或演讲的开场部分。SCQA 代表情境（Situation）、冲突（Conflict）、问题（Question）和答案（Answer）。这种方法能够帮助课程开发者或演讲者以一种引人入胜的方式开始他们的课程，从而吸引听众的注意力，并为接下来的内容设定基调。以下是如何使用 SCQA 开场法来设计课程开场的详细介绍：

1. 情境（Situation）

目的：为学习者提供一个背景故事或场景，帮助他们了解课程内容的上下文。

操作：描述一个熟悉的情境或背景信息，确保它与学习者的经验或课程主题相关。

示例：如果你正在教授时间管理课程，可以描述一个常见的工作场景，其中人们因为时间管理不善而感到压力重重。

2. 冲突（Conflict）

目的：引入一个问题或挑战，展示为什么需要学习这个课程。

操作：提出情境中出现的问题或冲突，这个问题应该是学习者可能面临的真实挑战。

示例：在时间管理课程中，冲突可能是"由于时间分配不当，导致工作积压和个人时间被挤压"。

3. 问题（Question）

目的：明确课程的核心问题，激发学习者的好奇心和求知欲。

操作：将冲突转化为一个或多个具体的问题，这些问题将在课程中得到解答。

示例：提出问题如"我们如何有效地管理时间，以提高工作效率并保持工作与生活平衡？"

4. 答案（Answer）

目的：提供课程的主要内容和解决方案，让学习者知道他们将学到什么。

操作：概述课程将提供的方法、技巧或理论，以及它们如何帮助解决提出的问题。

示例：在时间管理课程中，答案可能包括时间审计、优先级设置、任务批处理等策略。

使用 SCQA 开场法，课程开发者可以创建一个引人入胜的开场，不仅为学习者提供了课程的背景和目的，还明确了学习的目标和预期成果。这种方法有助于建立学习者与课程内容之间的联系，激发他们的学习兴趣，并为后续的教学活动奠定坚实的基础。通过这种方式，课程开场不仅仅是一个形式上的开始，更是整个学习过程的重要组成部分。了解完 SCQA 开场方法以后，我们就可以用 AI 来设计课程的开场了，我们还是以"采购谈判技巧"这个课程为例。

用 AI 设计课程开场指令参考：

Q：请扮演课程开发专家，请为这个［采购谈判技巧的课程］设计一个开场白，要用到 SCQA（情景、冲突、问题、答案）的技巧来设计，起到引发学员对于这个课程的兴趣的效果。（注："［ ］"内的内容为示例，可替换成自己需要的内容）

A：尊敬的各位学员，欢迎大家参加这次精心设计的采购谈判技巧课程。让我们通过一个简单的情景模拟来开启今天的学习之旅。

情境（Situation）：

想象一下，您是一位负责重要项目采购的专业人士。您的公司即将启动一个新的生产项目，这个项目对公司未来的发展至关重要。您面临的任务是与多个供应商进行谈判，以确保获取最佳的原材料和服务，同时控制成本。

冲突（Conflict）：

然而，您很快发现，谈判过程远比您预期的要复杂。供应商们似乎对您的需求了如指掌，而您的谈判策略却未能达到预期效果。您开始意识到，缺乏有效的谈判技巧可能会导致成本上升、项目延期，甚至可能影响到公司的整体战略。

问题（Question）：

在这样的压力之下，您可能会问自己：如何提升我的谈判技巧，以便在这场博弈中取得优势？如何确保我的团队能够达成最佳的采购协议，同时维护公司的利益？

答案（Answer）：

今天，我们将一起探索这些问题的答案。通过这个采购谈判技巧课程，您将学习到一系列的策略、技巧和实践方法，这些都是为了帮助您在谈判桌上变得更加自信、更有说服力。我们将通过案例分析、角色扮演和互动讨论等多种形式，让您深入理解谈判的心理学原理，掌握如何在复杂的商业环境中制定有效的谈判策略。

在这个过程中，您不仅会提升个人的谈判能力，还将学会如何领导团队，共同应对谈判中的各种挑战。

现在，让我们迈出第一步，开始这段提升自我、实现职业成长的旅程。准备好了吗？让我们的采购谈判技巧课程助您一臂之力，开启成功谈判的新篇章！

（九）用 AI 设计课程结尾

作为课程开发专家，设计一个强有力的课程结尾同样至关重要，根据峰终定律，人们对于一段经历的记忆主要取决于两个因素：过程中的高峰时刻（无论是正向的还是负向的）和结束时的体验。因此，课程结尾的设计对于学习者对整个课程的评价和记忆有着深远的影响。

从峰终定律的角度来看，设计好课程结尾对于创造积极的学习体验、巩固学习成果、提升整体课程满意度以及激发后续行动至关重要。一个成功的课程结尾能够强化关键信息，留下深刻的印象，并鼓励学习者继续他们的学习旅程。

如何设计课程的结尾，推荐使用"总结回顾、金句升华和号召行动"三步课程结尾法。这是一种有效的课程设计策略，旨在确保学习者能够从课程中获得最大收益，并鼓励他们继续学习和应用所学知识。下面详细介绍这个课程结尾方式的三个步骤。

1. 总结回顾

目的：在课程结束时，总结回顾是巩固学习成果的关键步骤。它帮助学习者回顾课程的主要内容和要点，加深对重要信息的理解和记忆。

方法：使用清晰、简洁的语言，概括课程的核心概念、关键信息和主要学习目标。可以通过列出要点、展示图表、回顾案例研究或进行互动问答来帮助学习者回顾课程内容。

重要性：总结回顾有助于强化学习者的记忆，确保他们离开课程时对所学内容有一个清晰、完整的理解。

2. 金句升华

目的：金句升华是课程结尾的一个亮点，它能够激发情感、激励行动，并为学习者留下深刻印象。

方法：选择或创造一个简洁、有力的语句，它应该能够概括课程的核心主题或传达一个强有力的信息。这个金句应该是鼓舞人心的、易于记忆的，并能够与学习者的情感产生共鸣。

重要性：金句升华能够强化学习者的记忆，激发他们的动力，并鼓励他们在课程结束后继续思考和讨论所学内容。

3. 号召行动

目的：号召行动是鼓励学习者将所学知识应用到实际中的关键步骤。它激励学习者采取具体的行动，以巩固和应用他们在课程中学到的知识和技能。

方法：提出具体的行动建议，如完成一项练习、参与一个项目、加入一个社群或继续学习其他相关课程。确保这些行动是可实现的，并与课程内容紧密相关。

重要性：号召行动鼓励学习者将所学知识转化为实际应用，从而加深他们的理解和记忆，并促进他们的个人和职业发展。

通过采用这种三步课程结尾法，课程设计者能够确保学习者从课程中获得最大收益，激发他们的学习动力，并鼓励他们继续在课程结束后学习和成长。这种结尾方式不仅提高了学习效果，还增强了学习者的满意度和参与度。了解完结尾方法以后，我们就可以用 AI 来设计课程的结尾了，我们还是以"采购谈判技巧"这个课程为例。

用 AI 设计课程结尾指令参考：

Q：请扮演课程开发专家，请为这个［采购谈判技巧的课程］设计一个结尾，要用到［总结回顾、金句升华、号召行动］的技巧来设计结尾，打造课程的峰终体验。（注："［ ］"内的内容为示例替换成自己需要的内容）

A：尊敬的各位学员，随着我们今天的课程接近尾声，让我们一起回顾并总结所学到的宝贵知识。

总结回顾：

在过去的几个小时里，我们深入探讨了采购谈判的多个关键环节，从谈判前的准备到谈判过程中的策略运用，再到谈判后的总结与执行。我们一起分析了实际案例，通过角色扮演和互动讨论，大家不仅理解了理论，更通过实践加深了对谈判技巧的掌握。我们学习了如何有效地运用 BATNA（最佳替代方案），如何在冲突中寻找共赢的解决方案，以及如何在谈判中保持冷静和专业。

金句升华：

记住，谈判桌上的每一刻都是对您智慧和技巧的考验。正如我们所讨论的，"知己知彼，百战不殆"，在谈判中，了解对方的需求和底线与了解自己一样重要。而"策略如棋，步步为营"，每一步都要精心策划，以确保最终的成功。让我们铭记这些金句，让它们成为我们谈判道路上的指南针。

号召行动：

现在，是时候将这些知识转化为行动了。我鼓励大家回到自己的工作岗位后，将今天学到的谈判技巧付诸实践。无论是即将到来的供应商会议，还是日常的采购对话，都是您展现新技能的舞台。不断练习，不断反思，不断提升。让我们以更加自信和专业的姿态，迎接每一个谈判挑战，为企业创造更大的价值。

最后，感谢大家的积极参与和热情投入。希望这个课程能够成为您职业发展道路上的一个里程碑。让我们带着满满的收获和期待，迈向更加辉煌的未来。再次感谢，并祝愿各位在采购谈判的旅途上取得丰硕成果！

课程素材是课程开发和授课的基石，它们通过提供深度内容、增强学习兴趣、促进理解和记忆、支持实践应用、适应多样化学习风格、提供反馈和评估、促进互动和合作以及保持课程更新等多重作用，显著提升了教学的吸引力、参与度和成效，从而确保学习者能够在一个丰富、动态和互动的学习环境中有效吸收和应用新知识。

课程素材之于教学，就像调味品之于美食，它们通过增加风味和层次，让学习这道菜变得更加可口和令人期待。正如一道精心调味的菜肴能够唤醒味蕾、留下深刻印象，精心挑选和准备的课程素材能够激发学习者的兴趣、加深理解并促进知识的实践应用，使学习过程变得生动有趣，同时确保每个学习者的口味得到满足。就像厨师不断尝试新的食材和配方以保持菜品的新鲜感，讲师也需要不断更新和优化课程素材，以保持教学内容的活力和相关性，让学习这道菜始终保持其色香味俱佳的品质。

第六章
制作课件：让课程产出更有成果

"七步成师"模型的第五步是制作PPT课件，课程"大厦"已经开始施工，你以肉眼可见的速度看到"大厦"一层一层盖起来，相当于PPT课件一页一页的生成。

一、制作PPT课件的重要性

从课程开发角度来看，制作PPT课件在课程开发中扮演着至关重要的角色。PPT课件不仅是一种展示工具，更是一种强大的教学辅助手段，它通过以下几个方面显著提升课程的质量和教学的效果。

1. 视觉呈现

PPT课件通过图像、图表、流程图等视觉元素，将抽象的概念和复杂的信息转化为直观的视觉展示，帮助学习者更好地理解和记忆课程内容。

2. 结构化信息

PPT课件能够将课程内容结构化，通过幻灯片的顺序和布局，引导学习者按照逻辑顺序逐步学习，从而提高学习效率。

3. 增强参与度

通过在PPT课件中嵌入互动元素，如问题、投票、游戏等，可以激发学习者的兴趣，提高他们的参与度和互动性，使学习过程更加活跃。

4. 统一标准

PPT课件有助于保持课程内容和教学风格的一致性，确保所有学习者接收到的信息是统一和标准化的，这对于大规模的课程和多个讲师参与的课程尤为重要。

5. 便于更新和共享

PPT 课件易于编辑和更新，讲师可以根据反馈和最新的教学研究成果快速调整课件内容。同时，PPT 课件便于在讲师和学习者之间共享，促进知识的传播和交流。

6. 支持多样化教学

PPT 课件可以与其他教学资源和方法相结合，如视频、音频、动画等，支持多种教学策略，满足不同学习风格的需求。

7. 节省时间

高效的 PPT 课件可以减少讲师在课堂上的讲解时间，留出更多的时间用于讨论、实践和反馈，提高课堂的互动性和实用性。

总之，制作 PPT 课件是课程开发中不可或缺的一环，它不仅能够提升课程的专业性和吸引力，还能够提高教学的效率和质量。一个精心设计的 PPT 课件，能够有效地支持教学目标的实现，为学习者带来丰富和深刻的学习体验。

二、用传统方式制作 PPT 与用 AI 制作 PPT 的异同点

传统人工制作 PPT 与 AI 制作 PPT 的方式在某些方面有相似之处，但在许多关键方面也存在显著差异。以下是它们的相同点和不同点。

相同点：

1. 目标一致性

无论是传统人工制作还是 AI 制作，PPT 课件的主要目标都是传达信息、概念和知识，支持教学或演示活动。

2. 视觉元素

两种方式都会使用文本、图像、图表、颜色和字体等视觉元素来增强信息表达的吸引力。

3. 结构要求

良好的 PPT 设计都需要有清晰的结构和逻辑顺序，无论是人工还是 AI 制作，都需要遵循一定的布局和组织原则。

不同点：

1. 制作速度

AI 的制作速度通常比传统人工快得多。AI 可以快速分析内容并生成 PPT，而人工制作可能需要花费更多时间来设计和调整。

2. 个性化和创造性

人工制作 PPT 可以根据演讲者的风格和偏好进行高度个性化的创作，而 AI 制作可能受限于其预设的模板和设计规则，尽管 AI 正在逐渐提高其创造性。

3. 内容准确性和深度

人工制作 PPT 时，制作者可以根据自己的专业知识和经验来确保内容的准确性和深度。AI 虽然可以处理大量数据，但仍需要人工干预来确保内容的质量和准确性。

4. 用户参与度

人工制作 PPT 通常需要制作者深入参与整个设计过程，而 AI 制作则更多地依赖于用户输入的指令和内容，AI 根据这些输入信息自动生成。

5. 学习和适应能力

人工制作者可以通过学习和实践不断提高 PPT 制作技能，而 AI 的学习和适应能力依赖于算法的更新和数据的积累。

6. 情感和故事性

人工制作 PPT 课件可以更好地融入情感因素和故事性，以吸引和保持观众的注意力。AI 虽然可以模仿这些元素，但可能缺乏人工制作者的情感深度和故事讲述能力，需要后期在 AI 生成的教学方法和素材部分中，人工融入情感因素和故事性。

总的来说，AI 制作 PPT 课件提供了快速、高效的解决方案，特别是在需要处理大量数据和模板化内容时。但是，人工制作 PPT 课件在个性化、创造性和情感表达方面仍具有一定的优势。因此，两者更多地结合使用，可发挥各自的优势，创造出内容更加丰富和情感表达更加有效的演示文稿。

三、如何用 AI 高效制作 PPT 课件

讯飞智文是由科大讯飞设计的一款 AI 制作 PPT 的软件，它搭载了讯飞星火大模型，生成 PPT 质量非常高。市面上能高效制作 PPT 的 AI 软件非常多，有金山的 WPS AI、ChatPPT、iSlide AI、微软的 OfficePLUS、歌者 AI、AiPPT、Gamma AI、Beautiful.AI、ChronicleAI，等等。

这些效果都还不错，但我用得最顺手的还是要属讯飞智文，免费（目前免费）又好用，而且生成 PPT 质量也非常高。如何用它快速制作 PPT？

（一）四种创建 PPT 的方式

在"讯飞智文"中有四种创建 PPT 的方式，分别是：主题创建、文本创建、文档创建和自定义创建，如图 6-1 所示。

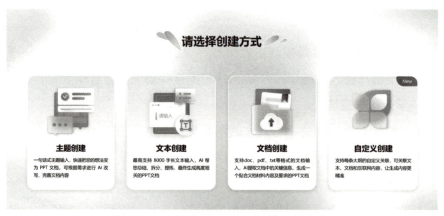

图 6-1　用讯飞智文创建 PPT 的四种方式

每种方式都旨在帮助用户以最高效和便捷的方式创建 PPT 文档。以下是对这四种方式的详细介绍。

1. 主题创建

方式：用户通过输入一个主题或关键词来启动 PPT 的创建过程。

特点：这种方式适合那些对 PPT 内容有一个大致概念，但还没有具体内容的用户。AI 将根据主题自动生成与之相关的 PPT 内容和设计。

操作：用户只需输入一个简洁的主题，例如"全球气候变暖的影响"，

AI 将围绕这一主题提供相应的幻灯片内容和设计建议。

2. 文本创建

方式：用户输入一段文本，AI 可以总结、拆分、提炼并生成相关内容的 PPT 文档。

特点：这种方式适合现成文本内容，如演讲稿、文章、课程大纲或报告的用户。AI 会提取文本中的关键信息和概念，将其转化成 PPT 文档。

操作：用户可以将长文本输入到指定区域，AI 将根据文本内容生成高度相关的 PPT 文档。

3. 文档创建

方式：用户上传一个文档，AI 从文档中提取关键信息来创建 PPT。

特点：这种方式适合需要将已有文档内容（如 Word、PDF、TXT、markdown 等）转换为 PPT 的用户。AI 能够识别并提炼文档中的核心观点和数据，生成相应的幻灯片。

操作：用户上传文档后，AI 将分析文档内容，并创建一个与文档材料内容及要求精准贴合的 PPT 文档。

4. 自定义创建

方式：用户可以自定义每条大纲的关联内容，可关联文本、文档和互联网内容，让生成内容更精准，适合进行个性化的 PPT 创作。

特点：这种方式适合对 PPT 有特定要求或希望进行深度定制的用户。用户可以根据自己的需求，精确控制每一张幻灯片的内容和布局。

操作：用户首先定义大纲结构，然后为每一条大纲选择或输入具体内容，AI 将根据这些自定义输入，生成最终的 PPT 文档。

讯飞智文 AI 软件的这四种 PPT 制作方式为用户提供了灵活多样的选择，无论是快速创建一个基于主题的 PPT，还是将详细文档内容转化为精炼的演示文稿，用户都能找到合适的方法。

（二）用 AI 生成 PPT 的四个步骤

如何利用讯飞智文快速生成高质量的 PPT 课件？总共分成四步：导入文本——调整大纲——选择模板——优化 PPT。如图 6-2 所示：

图 6-2　四个步骤制作高质量 PPT

1. 导入文本

在第三章中，我们已经把"采购谈判技巧"的课程大纲做出来了，所以可以选择文本创建和文档创建这两种方式来制作 PPT 课件。当我们把课程大纲转化成 Markdown 代码格式以后，无论是选择文本创建还是文档创建都可以让 AI 识别课程大纲更加精准，所以两者二选一都可以。

文本创建的详细操作流程

步骤 1：选择文本创建。

步骤 2：复制 Kimi 生成 Markdown 代码格式的文本粘贴到文本栏中，如图 6-3 所示。

步骤 3：点击"下一步"，让 AI 解析和识别课程大纲。

图 6-3　粘贴文本

文档创建的详细操作流程

步骤 1：选择文档创建。

步骤2：导入"采购谈判技巧"Markdown代码格式文本，如图6-4所示。

图6-4 上传Markdown格式的课程大纲

步骤3：点击"开始解析文档"，让AI解析课程大纲

2. 调整大纲

调整PPT的大纲可以分成三个步骤：大纲检查——大纲增减——大纲排序。

大纲检查：当AI解析完大纲以后不要急着直接生成PPT课件，这个大纲可能会存在某些问题，比如结构顺序、单元错乱等。我们需要先调整好大纲再去生成PPT，所以一定要确定大纲没有问题。如果大纲和原来差异特别大，可以点击下方"重新生成"按钮，再生成一个PPT大纲。

大纲增减：对于大纲出现错误或有多余知识点时，可以修改或删除大纲内容；对于遗漏或者缺少的部分，我们也可以进行增加。如图6-5所示。

大纲排序：讯飞智文解析的大纲只能到第三级大纲，无法到第四级大纲或者第五级大纲，但是我们生成的"采购谈判技巧"的Markdown代码格式的大纲已经到了第五级大纲。此时，我们可以给讯飞智文解析的课程大纲进行"标序号"，也就是手动给它排序，把三级大纲标"1、2、3……"，四级大纲标"a、b、c……"，这样课程大纲才会更加有层级和逻辑。如图6-6所示：

图 6-5 大纲增减

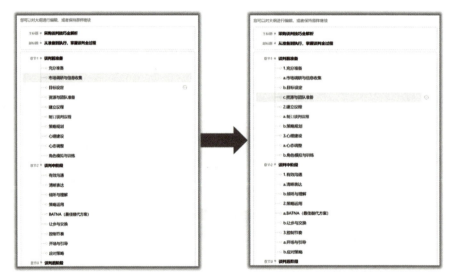

图 6-6 大纲排序

3. 选择模板

调整好大纲以后，我们就可以点击最下方的"下一步"，进入到 PPT 模板的界面了，选择一个你喜欢的模板和风格，如图 6-7 所示。点击"下一步"

按钮，等待一段时间，就可以一键生成高质量的 PPT 了。

图 6-7　PPT 模板的选择

通过"采购谈判技巧"这个课程大纲，讯飞智文大概用了 2 分钟一次性生成了 34 页 PPT 文档，有数据、图片，排版美观大方，这在以前是不敢想象的。以前做这样一个 PPT，起码要花好几个小时，需要设计模板、排版、匹配图片等工作，现在有了讯飞智文直接可以一键搞定。

4. 优化 PPT

这个 PPT 课件能不能拿来直接讲课呢？答案是否定的。仔细看一下里面的内容全是"干货（面条）"，没有"素材（佐料）"，需要对 PPT 进行调整优化。优化 PPT 共分为六个步骤，分别是调整排版、修改内容、增加备注、增加教法、增加素材、增加开关，如图 6-8 所示。前三个步骤可以在讯飞智文中直接操作，后三个步骤需要导出 PPT 后在办公软件中操作。

图 6-8　六个步骤对 PPT 课件进行优化

第一步：调整排版

点击 PPT 上的图形，就会出现排版图形选项，一共有六种方式可以选择，分别是序号文本、标准文本、色块文本、标题色块、时序线、图片文本，如图 6-9 所示。

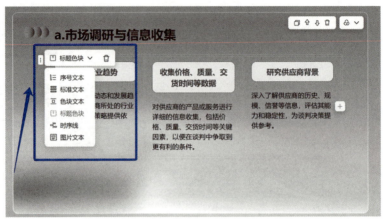

图 6-9　调整排版

序号文本

含义：这种排版方式适用于需要按顺序展示列表或步骤的情况。每个项目前都会有一个序号，帮助观众跟踪和理解信息的顺序，如图 6-10 所示。

应用场景：要点说明、步骤说明、操作指南等。

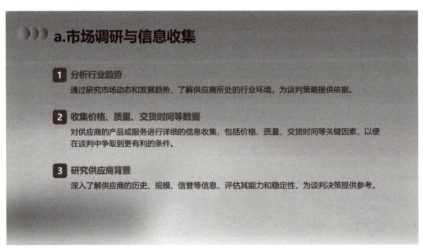

图 6-10　序号文本举例

标准文本

含义：这是最基本的文本排版方式，适用于大多数文本内容。它提供了一个简单的框架，让用户可以输入并排列文本，如图 6-11 所示。

应用场景：如概述、简介、结论等。

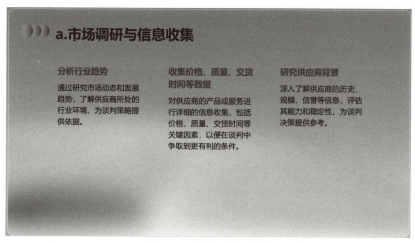

图 6-11　标准文本举例

色块文本

含义：在这种排版方式中，文本被放置在彩色的色块中，可以吸引观众的注意力，同时增加视觉效果，如图 6-12 所示。

应用场景：强调关键点、突出特定信息、增加视觉层次。

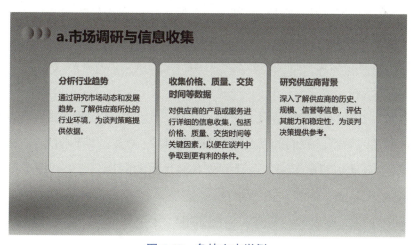

图 6-12　色块文本举例

标题色块

含义：这种排版方式特别适用于突出标题或关键信息，通常将标题文本放置在色块之上或之内，以吸引观众的注意力。色块作为一种视觉强调元素，可以用来区分不同的部分或主题，同时增加视觉效果，如图 6-13 所示。

应用场景：当需要强调特定的概念、项目名称、章节标题或重要发现时，使用标题色块可以有效地吸引观众的注意力，并帮助他们记住演示的关键点。

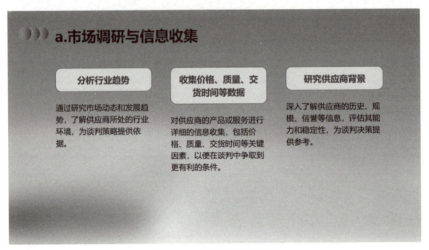

图 6-13　标题色块举例

时序线

含义：时序线排版通过时间轴的形式展示事件或进程的发展。它可以帮助观众理解时间相关的信息和顺序，如图 6-14 所示。

应用场景：历史事件、产品发展、项目里程碑、流程步骤等。

图片文本

含义：这种排版方式结合了图片和文本，允许用户在展示视觉内容的同时提供描述或解释。我们可以点击"图片文本"，点击"编辑图片"，用自带的 AI 助手自动填写提示词，自动生成对应文本的图片，这里利用了讯飞智文的 AI 绘图功能，如图 6-15 所示。

应用场景：展示产品特点、案例研究、文化介绍等，需要图文结合的情况。

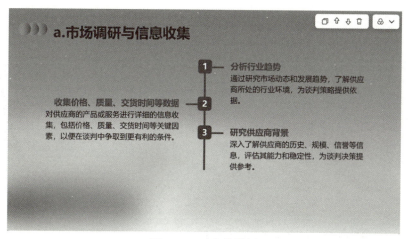

图 6-14　时序线举例

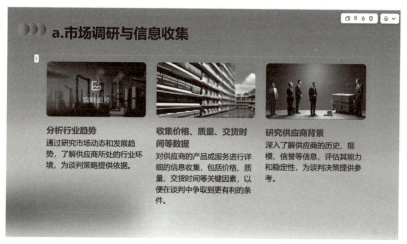

图 6-15　图片文本举例

选择哪种排版方式取决于你想要传达的信息类型和演示的目的。通过合理利用这些排版选项，你可以创建出既美观功能性又强的 PPT，有效地提升演示的专业性和吸引力。

第二步：修改内容

选中 PPT 中需要修改的内容，点击 AI 助手的"润色这段文字，更有吸引力"按钮，就可以实现对文本内容润色。同样，我们还可以对文本进行扩写、翻译、缩写、拆分、总结、提炼、纠错和改写等操作，可以达到一键修改 PPT 文本的效果，如图 6-16 所示。不过，值得注意的是，AI 提供的建议应该结合人的判断和创意来最终确定,以确保内容符合演示的具体目的和风格。

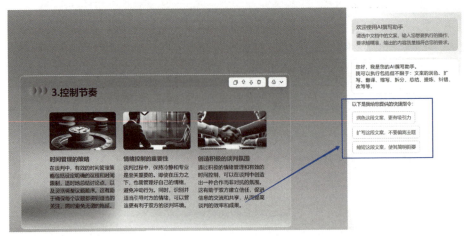

图 6-16　利用讯飞智文 AI 助手对 PPT 进行内容修改

第三步:增加备注

排版搞定了,内容搞定了,当我们把 PPT 大部分都修改得差不多了,就可以用讯飞智文一键生成演讲备注,相当于 PPT 的演讲稿,我们只需点击 PPT 下方"演讲备注"按钮(注意,只需点击一次即可,导出 PPT 即可看到全部的演讲备注),就可以实现一键生成全部 PPT 的演讲备注,如图 6-17 所示。

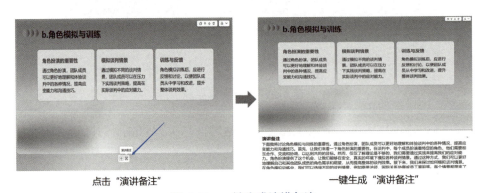

图 6-17　一键生成演讲备注

因为在讯飞智文档中不太方便增加新内容,所以到了第三步,就需要把 PPT 从讯飞智文中导出,放到微软的 PPT(或金山 WPS、苹果 Keynote 演示)中操作。关闭"智文撰写助手",选择"导出到 PPT 文件",再点击"下载"就可以在本地打开 PPT 文档了,如图 6-18 所示。

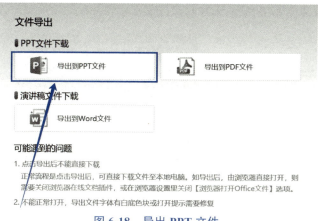

图 6-18　导出 PPT 文件

第四步：增加教法

方法：第三章"搭建结构"中，我们让 AI 帮我们设计了"采购谈判技巧"课程前、中、后三个阶段的教学方法。第五章"搜集素材"，我们让 AI 帮我们搜集和设计了课程的对应素材，接下来就需要把教学方法加入到 PPT 中，例如：小组讨论法、案例分析法、角色扮演法、教具展示法和现场实操法等。

举例：在一个关于团队合作的培训 PPT 中，可以增加一个环节，让学习者通过小组讨论法来探讨团队合作中遇到的挑战，或者通过角色扮演法模拟团队决策过程。

第五步：增加素材

方法：在第三章中，AI 生成了"采购谈判技巧"。课程前、中、后三个阶段的素材，接下来为 PPT 课件添加与教学方法相对应的素材，如图片、游戏、案例、脚本、视频和金句等。

增加脚本素材示范：AI 生成了"采购谈判技巧"的角色扮演脚本，可以制作成 PPT 放入课件中，如图 6-19 所示。

增加金句示范：AI 生成了"采购谈判技巧"的课程金句，可以选择合适的金句放入 PPT 中，如图 6-20 所示。

其他课程也一样，比如，在讲述历史事件的 PPT 中，可以增加与事件相关的图片和视频素材，以及讨论问题，如"分析这一历史事件对现代世界的影响"，以促进学习者的深入思考。

图 6-19　制作脚本素材的 PPT

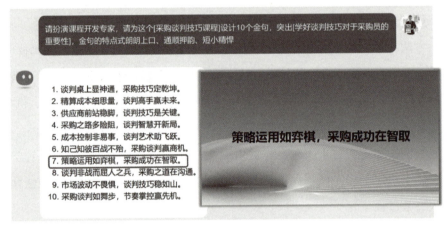

图 6-20　制作金句素材的 PPT

第六步：增加开关

方法："开关"指的是课程的开场和结尾。在第五章中，我们用 AI 设计"采购谈判技巧"课程的开场和结尾，此时我们也需要把开场和结尾制作成 PPT，以提高演示内容的吸引力和完整性。但是不能完全复制文字直接粘贴到 PPT 中，应该进行精简、提炼后复制到 PPT，再配上图片或者视频来制作开场和结尾 PPT。

举例：在一系列关于创新管理的 PPT 演示中，可以使用 AI 设计引人入胜的开场，如一个关于创新成功案例的短视频，以及一个总结性的结尾，强调创新管理的重要性和未来趋势。

通过这些方法，你可以使 PPT 课件更加丰富、互动和专业，从而提高教学效果和学习者的参与度。值得一提的是，在使用 AI 工具时，也要结合自己的专业知识和创意，确保 PPT 内容的准确性和适用性。

四、课程的明暗线设计

课程开发是一个复杂而富有创造性的过程，它要求开发者不仅要关注课程的直接呈现（明线），还要深入挖掘和设计那些不直接呈现给学员，但对教学效果有着重要影响的元素（暗线）。下面，我将详细介绍课程开发的"明暗线"设计概念。这一概念是课程设计中的一个重要原则，它涉及课程内容的两个层面：显性的"明线"和隐性的"暗线"。

1. 明线设计

明线是课程中直接呈现给学习者的内容，它们是学习者可以直接在 PPT 幻灯片或其他教学媒介上看到的信息。明线的设计关键在于：

内容的清晰性：确保每个幻灯片上的信息都是清晰和直接相关的，避免冗余和不必要的复杂性。

结构的逻辑性：构建一个逻辑性强的结构，使学习者能够顺畅地跟随课程的流程。

视觉的吸引力：使用恰当的视觉元素，如图表、图片和颜色，来增强信息的吸引力和易理解性。

关键信息的突出：通过强调关键点和主要概念，帮助学习者抓住课程的核心内容。

评估方式：明确课程的评估方式，包括作业、测试、项目等，让学员了解如何被评价，以及如何通过努力提高成绩。

2. 暗线设计

暗线则是讲师在课程准备阶段就已经构建好的，但在 PPT 上并不直接展示的内容。这些内容是讲师用来引导和演绎课程的，包括以下几个方面：

教学方法：讲师根据课程内容和学习者的特点，提前设计好适合的教学方法，如讨论、案例分析、角色扮演等。

素材准备：讲师准备的额外教学素材，如补充阅读材料、视频、音频、实物等，这些素材在课堂上根据需要使用。

故事和案例：讲师准备的故事和案例，用于说明抽象概念、激发兴趣或提供实践指导。

互动和引导：讲师设计的问题、活动和互动环节，旨在促进学习者的参与和思考。

情感投入：讲师需要将自己的情感融入教学中，通过激情、热情、幽默等方式，激发学员的学习兴趣和动力。

课堂管理：提前设计好课堂管理策略，如怎样维持课堂秩序、如何处理突发事件等，确保教学活动的顺利进行。

3. 明暗线结合的重要性

明线和暗线的结合是课程成功的关键。明线为学习者提供了直接的学习材料，而暗线则为讲师提供了教学的深度和灵活性。通过这种设计，讲师可以确保课程内容既有条理又富有活力，同时能够根据学习者的反馈和课堂情况灵活调整教学策略。

4. 明暗线课程设计实施步骤

课程目标明确：首先，明确课程的教学目标和学习者的需求。

明线内容设计：设计 PPT 和其他教学材料，确保内容清晰、有逻辑且吸引人。

暗线策略规划：准备教学方法、素材和故事，作为教学的支撑。

课堂实施与调整：在实际教学中，根据学习者的反馈和互动情况，适时引入暗线内容，调整教学方法。

通过这种"明暗线"的设计，课程不仅能够传递必要的知识和信息，还能够激发学习者的兴趣，促进他们的参与和思考，从而达到更好的教学效果。在实际操作中，讲师需要不断地在明线和暗线之间寻找平衡，根据学员的反馈和学习效果，不断调整和优化课程设计。通过精心设计的明暗线，可以使得课程内容更加丰富，教学方法更加多样，最终实现高效、有趣、富有成效的教学过程。

第七章
设计手册：让课程体系更有系统

课程开发第六步，就是设计教学手册（包括讲师手册和学员手册），教学手册就像航海中的航海图，为讲师和学习者提供了明确的路线和方向。正如航海图帮助船员们了解航线、预计到达时间和可能遇到的挑战，教学手册也指导着教学和学习的过程，确保所有人都对课程的结构和目标有清晰的认识。

一、设计教学手册的好处

1. 确保一致性和标准化

手册就像是快餐连锁店的运营手册，确保每一家分店都能提供一致的产品和服务。教学手册通过提供标准化的教学流程和评估标准，确保课程在不同的教学环境中都能保持相同的质量和效果。

2. 促进有效沟通

手册就像团队项目的沟通计划，明确了团队成员的角色、责任和沟通方式。教学手册帮助讲师和学习者理解他们在课程中的责任，促进了双方的有效沟通和协作。

3. 作为参考资料

手册就像是图书馆的索引卡片，提供了快速查找信息的途径。教学手册中的资源列表、术语解释和参考资料，使得讲师和学习者可以快速找到所需的信息，支持自主学习和复习。

4. 应对突发情况

手册就像急救包，包含了处理紧急情况所需的工具和指导。教学手册中的应对策略和调整建议，帮助讲师在遇到意外情况时能够迅速应对，确保教学活动的顺利进行。

5. 促进反思和改进

手册就像运动员的训练日志，记录了训练的过程和表现，为改进提供依据。教学手册中的反馈收集和评估部分，帮助讲师和学习者反思课程的效果，为未来的课程改进提供数据支持。

通过以上内容，我们可以看到教学手册在课程开发中的重要性。它们不仅为教学和学习提供了清晰的框架和指导，还增强了课程的质量和可持续性，确保了教育目标的实现。

在课程开发的第六步中，我们将注意力转向设计教学手册，这一步骤可以类比为建筑设计中的封顶设计。正如封顶是建筑物结构完成的重要标志，确保了建筑的稳定性和功能性，设计手册的制作也是课程开发中的关键环节，它为教学活动提供了必要的指导和支持。

二、如何设计讲师手册

讲师手册是课程实施的"大脑"，它包含了课程的所有教学细节和讲师在授课过程中可能需要的所有信息。讲师手册通常涵盖了七个核心组成部分，这些包括：课程背景、课程概览、实施要求、课程大纲、授课计划、授课要点，以及附录。

（一）课程背景

1. 课程背景设计

课程背景部分深入阐述了课程创立的缘由及其旨在解决的关键难题。它由四个基本要素构成，即情境（Situation）、冲突（Conflict）、问题（Question）和答案（Answer）。情境描述了课程设置的宏观环境；冲突揭示了在此环境下浮现的挑战和矛盾；问题则是对这些挑战提出的质疑，引导思考"针对这些问题和矛盾，我们该如何应对？"；答案则指向了课程的核心，阐明了本课程致力于解决的议题和预期达成的教学目标。我们还是以"采购员谈判技巧"的课程来举例。

用 SCQA 结构设计的"采购员谈判技巧"课程的背景介绍。

情境（Situation）：

在全球经济一体化的背景下，采购员的角色变得越来越关键。他们负责为公司寻找合适的供应商，谈判最佳的采购条款，并确保成本、效益和供应链的稳定性。然而，随着市场竞争的加剧和供应商的多样化，采购员面临着更加复杂的谈判环境。

冲突（Conflict）：

尽管采购员在谈判中扮演着至关重要的角色，但他们经常遇到信息不对称、供应商强势立场以及内部压力等挑战。这些因素可能导致谈判结果不尽如人意，影响公司的利润和运营效率。

问题（Question）：

在当前充满挑战的采购环境中，采购员如何提升自己的谈判技巧，有效地与供应商沟通，争取到最有利的合同条件，同时又能维护良好的长期合作关系？

答案（Answer）：

"采购员谈判技巧"课程旨在提供一套系统的谈判方法和策略，帮助采购员克服谈判障碍，提升决策质量。课程内容包括谈判前的准备、有效沟通技巧、策略制定，以及如何在谈判中保持灵活性和创造性。通过案例分析、角色扮演和实战模拟，参与者将学会如何在实际工作中应用这些技巧，从而在谈判中取得成功。

2. 如何用 AI 设计课程背景

通过 SCQA 来设计课程背景介绍，为学习者提供了一个清晰的学习路径，同时也突出了课程的实际应用价值和解决具体问题的能力。如何利用 AI 设计课程背景？我们以"AI（爱）上课程开发"这门课程为例。

Q：请扮演课程开发专家，用 SCQA 结构设计 ["AI（爱）上课程开发"] 的背景介绍，这门课程可有效 [提升内训师课程开发速度，用 AI 工具 10 倍速提升课程开发效率]。（注："[ ]"内的内容为示例，可替换成自己需要的内容）

A：背景介绍："AI（爱）上课程开发"

情境（Situation）

在当今快速发展的教育领域，内训师和课程开发者面临着巨大的挑战：如何快速、高效地开发出既吸引人又富有成效的课程。传统的课程开发流程往往耗时耗力，需要大量的人力和物力投入，而且很难保证课程内容的持续更新和优化。随着人工智能技术的不断进步，我们发现 AI 工具在课程开发中的应用潜力巨大，能够极大地提升课程开发的速度和质量。

冲突（Conflict）

然而，尽管 AI 工具的潜力被广泛认可，但许多内训师和课程开发者对于如何有效利用这些工具仍然感到困惑。他们可能缺乏相关的技术知识，或者不知道如何将 AI 工具与课程开发的实际需求相结合。此外，市场上的 AI 工具琳琅满目，选择和整合适合的工具也成为一项挑战。

问题（Question）

那么，如何帮助内训师和课程开发者克服这些障碍，充分利用 AI 工具来提升课程开发的速度和效率呢？

答案（Answer）

为了解决这一问题，我们设计了"AI（爱）上课程开发"这门课程。该课程旨在教授内训师和课程开发者如何有效地使用 AI 工具来加速课程开发过程，提高工作效率。课程内容涵盖了 AI 工具的基础知识、实际应用案例、最佳实践策略以及如何根据特定需求选择合适的 AI 工具。通过这门课程，参与者将能够掌握使用 AI 工具进行课程开发的关键技能，从而在保证课程质量的同时，实现 10 倍速的课程开发效率提升。

通过"AI（爱）上课程开发"这门课程，我们希望能够帮助内训师和课程开发者拥抱 AI 技术，将这一强大的工具融入他们的工作中，以实现更高效、更创新的课程开发。

（二）课程概览

1. 课程概览的内容

课程概览为潜在的学习者提供了课程的关键信息，涵盖了以下要素：课程标题、开发人员、授课时长、授课对象、建议规模人数、教学方法和学习目标等。

课程标题：明确标识课程的主题和焦点。

开发人员：指的是这个课程开发人的姓名或者团队成员的姓名。

授课时长：指明完成整个课程所需的总时数，以小时为单位计量。标准全天课程通常持续6个小时，而半天课程约为3至4小时。

授课对象：描述目标受众或可能从课程中受益的学员类型。

建议规模人数：建议最适合课程开展的参与人数。为了促进有效的教学互动，推荐采用小组学习形式，每组8人左右被认为是最佳配置。

教学方法：概述课程中将采用的主要教学手段和策略。

学习目标：设定学员通过参与课程所能达到的具体行为或成果目标，课程收益。

我们以"采购谈判技巧"课程为例，按照上面所提供的格式设计课程简介。

课程标题与封面：我们需要把标题制作在讲师手册封面上，如图7-1所示。

开发人员：张三、李四、王五

版本：2024年，V1.0版

授课时长：

本课程设计为全天制，总时长为6小时，分为两个部分，每部分3小时，中间设有休息时间。

授课对象：

本课程面向企业中的采购经理、采购专员、供应链管理人员等。

建议规模人数：

为了保证教学质量和互动性，建议班级人数为30至36人，这样可以确保每位学员都有机会参与讨论和实践活动。

教学方法：

结合讲授法和互动式学习，课程将采用案例分析、角色扮演、小组讨论和实际模拟谈判等多种教学方法，以增强学员的实战经验。

图 7-1　讲师手册封面

学习目标：

- 理解采购谈判的核心原则和策略。
- 分析供应商的立场和需求，制订有效的谈判计划。
- 运用有效的沟通技巧，在谈判中争取最大利益。
- 处理谈判中的冲突，建立和维护长期的合作关系。
- 评估谈判结果，确保符合企业的成本效益和供应链目标。

通过这个课程简介，潜在学员可以清晰地了解"采购谈判技巧"课程的基本信息和学习目标，从而判断该课程是否符合他们的职业发展需求。

2. 如何用 AI 生成课程概览

我们以"AI（爱）上课程开发"这门课为例。

Q：请扮演课程开发专家，请帮我撰写［"AI（爱）上课程开发"］的课程简介，包含"课程标题、开发人员、授课时长、授课对象、建议规模人数、教学方法和学习目标"等信息。这门课程可有效［提升内训师课程开发速度，用 AI 工具 10 倍速提升课程开发效率，课程开发人员是邓世超老师］。（注："［ ］"内的内容为示例，可替换成自己需要的内容）

A：### 课程简介："AI（爱）上课程开发"

课程标题：AI（爱）上课程开发

开发人员：邓世超老师

授课时长：2 天密集培训（每天 6 小时，共 12 小时）

授课对象：

企业内训师

专业课程开发者

教育技术专家

教育机构的课程设计人员

对利用 AI 提升课程开发效率感兴趣的专业人士

建议规模人数：20~30 人，以确保每位参与者都能得到充分的个人指导和实践机会。

教学方法：

理论与实践相结合：通过理论讲解与实际操作相结合的方式，使学员能够深入理解 AI 工具的原理及其在课程开发中的应用。

案例分析：分析行业内成功运用 AI 工具进行课程开发的案例，提取可行策略和经验教训。

小组合作：通过小组合作项目，促进学员之间的交流与协作，共同解决课程开发中的实际问题。

实操演练：提供 AI 工具的现场操作演练，让学员在实践中学习和掌握工具的使用技巧。

互动问答：鼓励学员提问，由邓世超老师现场解答，增强学习的互动性和针对性。

学习目标：

1. 掌握 AI 基础知识：了解 AI 技术的基础知识及其在教育领域的应用

前景。

2. 熟悉AI工具：学习市场上主流AI工具的功能特点，掌握至少两种工具的基本操作。

3. 提升开发效率：通过AI工具，实现课程开发速度的显著提升，目标是10倍速效率增长。

4. 创新课程设计：利用AI技术激发新的课程设计理念，创造出更具吸引力和互动性的课程内容。

5. 解决实际问题：学习如何运用AI工具解决课程开发过程中的实际问题，如内容个性化、学习效果评估等。

6. 持续进步：课程结束后，学员能够继续探索和学习新的AI工具和方法，以适应不断变化的教育需求。

本课程由经验丰富的课程开发专家邓世超老师亲自设计并授课，旨在帮助学员掌握利用AI技术提升课程开发效率的核心技能，为未来的教育工作打下坚实的基础。

（三）实施要求

实施要求涵盖场地布置、教学设备、物资材料。

场地布置：对培训场地的空间尺寸、座椅安排和教室布局的具体指导，必要时应提前规划并绘制教室布局图。例如，"采购谈判技巧"课程可以采用"小岛图"分组或者"U形图"分组，分成4~6组最佳，如图7-2所示。

小岛图

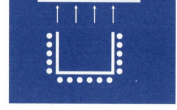
U形图

图7-2　两种座次安排方式

教学设备：投影仪、音响系统，以及培训过程中可能用到的文具和其他耗材，例如订书机、胶带、白板贴纸等。

物资材料：讲师演示文稿、学员指导手册、补充阅读材料等。

（四）课程大纲

通过查看课程大纲，培训师与学员可以迅速把握课程的关键信息及主导的教学策略。为了进一步明确课程大纲各模块的讲授要点和教学流程，建议培训师以文字描述的方式，对每一教学环节的内容和实施步骤进行扼要阐述。例如，"AI（爱）上课程开发"这门课的课程大纲。

导入：为什么要使用AI工具做课程开发？

AI会取代人类吗？

AI的强大支持在哪里？

AI辅助课程开发相对于传统课程开发的四大优势是什么？

AI课程设计与开发的流程。

课程设计：确定主题—搭建结构—选择教法—搜集素材

课程开发：制作课件—设计手册—包装课程

一、确定主题：如何用AI快速明确课程开发的主题

方式1："三度法"确定主题（业务需要度、学员急需度、个人擅长度）

方式2："三定法"确定主题（定学员、定问题、定目标）

用AI确定主题实战1：运用"三度法指令"一键确定主题

用AI确定主题实战2：运用"三定法指令"一键确定主题

工具：课程主题评分表，快速锁定急需开发的主题

二、搭建结构：如何用AI快速搭建课程结构

1. 课程结构的四级目录：根目录、干目录、枝目录、叶目录

2. 搭建课程结构四步骤：选择结构—萃取大纲—生成内容—优化内容

3. 选择结构：时间结构、要素结构、WWH结构

4. 萃取大纲：运用"道、法、术、器"经验萃取表萃取优秀经验

5. 生成内容：如何用AI搭建结构？（询问方法—调整大纲—撰写指令—生成内容）

AI 实战：运用 AI"结构指令法"高效搭建课程结构和撰写内容

三、选择教法：如何用 AI 选择教学方法

1. 如何正确地选择教学方法？明确原则—了解方法—区分内容—选择教法

2. 明确原则：教学设计四大原则（少即是多、让他参与、多做练习、多种刺激）

3. 了解方法：十种常见的课程教学法（讲授法、问题引导法、案例分析法、小组讨论法、教具演示法、角色扮演法、现场实操法等）

4. 区分内容：知识类内容、态度类内容、技巧类内容（软技能+硬技能）

5. 选择教法：针对不同的课程内容选择不同的教学方法

6. AI 实战：利用 AI 工具（教学方法指令）快速选择教学方法

四、搜集素材：如何利用 AI 搜集培训素材

1. 优秀课程关键逻辑——面条理论（课程设计的缺失不在面条而在佐料）

2. 课程佐料的四大类型：教学形式、培训环境、教学方法、培训素材

3. 课堂情绪线与培训素材设计的关系：峰终定律打造课程极致体验

4. 十种培训素材：故事（事件）、视频（FLASH）、音乐（音频）、案例、游戏、图片、实物（道具）、名句（典故）、新闻事件、专业数据……

5. 培训素材搜集的四大途径与实操：向 AI 取经、向网络取经、向课程取经、向书本取经。

6. AI 实战：用 AI 快速搜集和设计培训素材（AI 设计和搜集培训素材指令）

五、制作课件：如何利用 AI 制作 PPT 课件

1. 导入文本：在 AI 制作 PPT 软件中，导入课件所有的大纲和文本内容

2. 调整大纲：在 AI 制作 PPT 软件中，检查和调整课程大纲内容，确保生成内容和原大纲一致

3. 选择模板：在 AI 制作 PPT 软件中，选择合适的模板，快速生成 PPT 文档

4. 优化 PPT：调整排版—修改内容—增加备注—增加教法—增加素材—增加开关

5. AI 实战 1：利用 AI 快速修改 PPT 课件（精简/扩写/缩写/润色/排版 PPT）

6. AI 实战 2：利用 AI 增加课程素材（图片、案例、金句、故事、数据等）

7. AI 实战 3：利用 AI 对各单元课程内容增加互动

8. AI 实战 4：利用 AI 增加开关（AI 设计开场指令、AI 设计结尾指令）

六、设计手册：如何利用 AI 制作讲师手册和学员手册

1. 设计完整的教学体验包含要素

2. 内容五件套设计（讲师手册、学员手册、PPT 课件、课程大纲、素材库）

3. 讲师手册的格式与模板

4. 讲师手册的撰写要求

5. 讲师手册转换步骤

6. AI 实战：利用 AI 工具快速生成讲师手册备注

七、包装课程：如何利用 AI 包装课程名字和课程结构

1. 课程的哪些部分需要进行包装？（课程名字+课程结构）

2. 好的课程名字四个原则：明确性、独特性、容易记、富有吸引力

3. AI 实战 1：利用 AI 快速包装课程名字（课程命名包装 AI 指令）

4. 如何包装课程结构："比拼爵士舞"五种课程包装技巧

5. AI 实战 2：用 AI 快速包装课程结构，让课程亮点突出（课程结构包装 AI 指令）

（五）授课计划

授课计划充当着教学实施的蓝图，为培训师提供了完成教学任务的框架支持。该计划包含两部分关键信息：将要展示的教学内容（如教学环节、内容大纲）以及内容展示的方法（采用的教学方法和预计授课时间分配）。授课计划的周密性与培训师的经验息息相关，对于经验较少的培训师而言，制订

一份详尽的授课计划尤为重要。授课计划见表7-1。

表7-1 授课计划表

教学环节	内容大纲	教学方法	时间分配（分钟）
导入：AI辅助课程开发的优势（10分钟）			
模块一：明确主题（60分钟）			
模块二：搭建结构（120分钟）			
模块三：设计教学（60分钟）			
模块四：制作课件（120分钟）			
总结：10倍速提升课程开发效率（5分钟）			

（六）授课要点

授课要点构成了讲师手册的精髓。它主要由三大内容板块组成：基础信息、教学方式和附加资料。

1. 基础信息

章节定位：标识当前PPT页面在整体课程中的位置。

"页码、标题"：指明PPT页面的编号及其对应的标题。

所需时间：预估讲解该PPT页面内容所需的时间长度。

教学手段：概述在讲解该PPT页面内容时所采用的主要教学手法。

2. 教学方式

教学目标：明确阐述当前 PPT 页面的教学目标，培训师需深思熟虑并在每页 PPT 备注栏上记录此目标。

注意事项：列出在讲解 PPT 页面内容时的关键点和需特别留意的事项，以便培训师能迅速聚焦于讲解的重点和难点。培训师应根据实际情况填写，并非每页都必须记录。

教学内容：引入——说明如何与前一页 PPT 内容相衔接；讲述——概述当前 PPT 页面应包含的内容。记录方式分为简洁概述和详细话术两种，简洁概述只需点明关键教学点，而详细话术则需逐字记录讲解内容，作为培训师授课的参考。一般培训师使用简洁概述足矣；若培训师基础较浅，则需在讲师手册中详尽记录教学内容。总结——对当前 PPT 页面内容进行小结，并为下一页内容做铺垫。如图 7-3 所示。

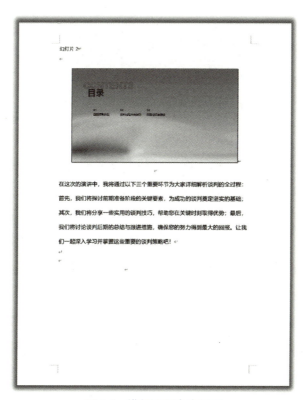

图 7-3　讲师手册内容展示

3. 附加资料

附加资料由额外信息和备注构成。额外信息是与当前 PPT 页面相关的补充资料，可根据学员特性和教学时间灵活选择是否讲解。备注则记录了如何获取更多附加资料的细节。例如，备注中可以指明扩展资料的网络链接，或标注资料在附录中的具体位置。授课要点如图 7-4 所示。

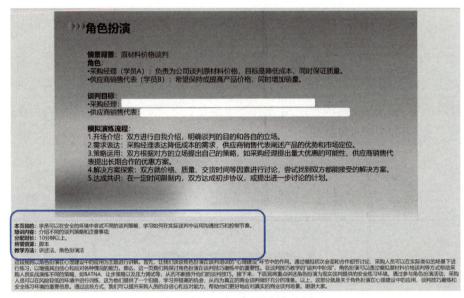

图 7-4　PPT 备注栏授课要点

我们可以从 PPT 中，把授课要点和下方的演讲备注直接导出成学员手册，操作步骤如下：这里以微软的 PPT 来举例，点击 PPT 左上角"文件"—点击"导出"—选择导出"讲义"—选择"创建讲义"—选择"备注在幻灯片下"—点击"确定"，就可以一键制作 Word 版学员手册了，如图 7-5 所示。在 Word 中上面是 PPT 课件内容，下面是授课要点和演讲备注。

（七）附录

在课程开发中，讲师手册的附录是对手册主体内容的补充，它提供了额外的资源、信息和工具，以支持讲师在教学过程中的需要。附录的内容通常不包含在手册的主要教学部分，但对讲师来说仍然是有价值的参考资料。

图 7-5　选择"备注在幻灯片下"

1. 附录的作用和意义

提供补充材料：附录可以包含额外的教学案例、扩展阅读、背景资料等，这些材料可以丰富课程内容，为讲师提供更多的教学选项。

支持教学准备：附录可能包含教学道具清单、教室布置图、评估工具模板等，帮助讲师更好地准备和组织教学活动。

提供法律和伦理指南：如果课程涉及特定的法律或伦理问题，附录可以提供相关的指导原则和建议，确保教学活动的合规性。

包含联系信息：附录可以列出课程开发团队、技术支持人员或其他关键人员的联系信息，以便讲师在需要时能够及时获得帮助。

2. 附录部分内容的要求

相关性：附录中的信息应该与课程内容紧密相关，确保其对讲师的教学活动有实际的帮助。

准确性：提供的信息必须是准确无误的，避免误导讲师和学员。

更新性：随着课程内容的更新和教学方法的发展，附录中的材料也应保持最新，定期进行审查和更新。

易查询：附录内容应该以易于查找和使用的方式组织，如使用清晰的标题、子标题和索引。

实用性：附录中的资源应该是实用的，能够直接应用于教学实践中，而不仅仅是理论性的讨论。

通过精心设计的附录，讲师手册不仅能够为讲师提供全面的课程指导，还能够提供额外的支持和资源，确保教学活动的顺利进行和高质量的学习成果。

三、如何设计学员手册

学员手册则是学习者的"指南针"，它为学习者提供了课程学习的路线图和参考资料。学员手册的设计应涵盖以下核心要素：课程背景、课程概览、教学内容、互动练习、附加资源和附录资料等，以确保学习者能够全面而深入地掌握课程精髓。

1. 课程背景

与讲师手册保持一致，为学习者提供课程设立的背景信息，帮助他们理解课程的相关性和重要性。

2. 课程概览

同样参照讲师手册，概述课程的主要目标和学习成果，为学习者设定清晰的学习目标。

3. 教学内容

这部分是学员手册的核心，它详细阐述了课程中的关键知识点，揭示了不同模块之间的联系。通过图表、流程图等视觉化工具，教学内容帮助学习者更好地跟随和吸收课程进度。研究指出，学习者处理信息的速度远超于讲师的讲授速度，因此学员手册应能有效引导学习者的注意力，促进其与课程内容的互动。教学内容的呈现形式可以是直接从 PPT 中复制的影印版，也可以是经过精心编排的引导版。

影印版：影印版直接从课程 PPT 文件中提取，因其易于操作而被广泛采用，如图 7-6 所示。

图 7-6　影印版课程内容

引导版：引导版的课程内容经过特别设计，以适应授课的具体内容和方法，对学员手册中的信息进行重新组织和优化。这种方法旨在更有效地引导学员进行记录和复习，提升他们的学习效率。

在"AI（爱）上生产力"课程中有个"AI 提问的 5 个指令技巧"，培训师精心挑选并保留了 PPT 演示文稿中的核心逻辑框架，同时去除了一些详细的文字说明。针对学员的学习习惯和记录倾向，培训师对信息进行了重新排序和格式调整。在实际教学过程中，学员需要通过填写手册中的空白部分来积极参与学习，这样的互动性练习确保了学员能够深刻理解和掌握课程的核心概念，如图 7-7 所示。

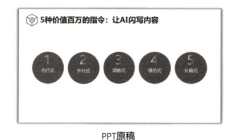
PPT原稿

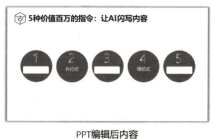
PPT编辑后内容

图 7-7　引导版课程内容设计

通过引导版的内容设计，学员手册成了一个互动性强、参与度高的学习工具，不仅帮助学员更好地消化和吸收课程内容，而且通过动手实践加强了记忆和理解。这种方法鼓励学员主动学习，提高了课程的互动性和实用性。

如何通过 PPT 一键创建学员手册，这里以微软的 PPT 来举例。点击 PPT 左上角"文件"—点击"导出"—选择导出"讲义"—选择"创建讲义"—选择"空行在幻灯片旁"—点击"确定"，就可以一键制作学员手册了，左边是 PPT 课件内容，右边学员可以做笔记，如图 7-8 所示。

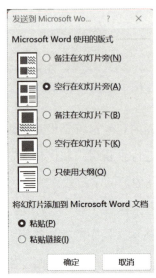

图 7-8　选择"空行在幻灯片旁"

4. 互动练习

学员手册应包含巩固课堂所学和促进深入理解的互动练习。这些活动可能包括但不限于小测验、案例研究、模拟游戏等形式，通过实践操作加深学员对知识点的掌握。

5. 附加资源

作为课程教材的补充，适用于不常见但学习难度较高又极为重要的特定知识点。每份附加资源都应明确命名并标注日期，以便后续的更新和替换。若学员在一次培训中收到大量附加资源，可将其汇编成册，便于管理和使用。

6. 附录资料

课程相关的扩展阅读材料和实用的课后应用工具应归纳于附录部分，方便学员在需要时能迅速检索和参考。

在编写学员手册时，应注意以下几点：

留白笔记区：确保手册中有足够的空白区域供学员记录笔记和思考。

印刷格式：推荐采用单页印刷方式，以便于学员携带和使用。

标签系统：若手册将成为学员长期参考的资料，应使用标签或颜色编码等方式，以便于快速定位和查找相关内容。

索引编制：对于篇幅较长的手册，建议添加索引，帮助学员高效地查找特定信息。

通过以上设计要点，学员手册不仅能够作为课程学习的有力辅助，还能够在培训结束后继续作为学员学习和应用知识的重要工具。

通过精心设计的讲师手册和学员手册，课程开发的最后一步确保了教学和学习活动的顺利进行。这两份手册是课程成功实施的基础，它们为讲师和学习者提供了清晰的指导和必要的支持，确保了课程目标的实现和学习效果的最大化。就像建筑设计的封顶确保了建筑的完整性和安全性一样，设计手册确保了课程开发的完整性和实用性。

第八章
包装课程：让课程未来更有市场

在课程开发的第七步中，我们专注于包装课程，这一环节至关重要，因为它关系到课程的市场吸引力和学员的学习体验。课程包装的过程类似于建筑设计完成后的装修阶段，旨在将课程内容和结构转化为一个对学员有吸引力、易于理解、便于参与的学习体验。本章节重点介绍课程名称包装和课程结构的包装。

一、课程名称的包装

（一）什么是课程名称的包装

课程命名的重要性就好比给一部电影起名字。电影制作团队会精心为电影选择一个能够吸引观众、传达故事精髓并留下深刻印象的片名。课程开发者也需要为他们的课程选择一个恰当的名称，这个名称就像是课程的"名片"，它对课程的成功至关重要。

1. 课程名称的作用

吸引注意力：一个有创意和吸引力的课程名称就像是电影海报上引人注目的标题，能够在众多课程中抓住潜在学员的视线。就像《泰坦尼克号》这样的电影名称能够激起人们对爱情与灾难故事的好奇心，一个好的课程名称也能够激发人们探索课程内容的欲望。

传达内容：课程名称应该能够清晰地传达课程的核心内容和教学目标，就像电影名称能够让人一眼看出电影的类型和主题。例如，《星球大战》这个名称立即让人联想到一部充满冒险和科幻元素的史诗级作品，同样，一个明确的课程名称如"数字营销精粹"能够让学员立刻了解到课程的专业领域和学习重点。

建立品牌：一个好的课程名称有助于建立和加强课程品牌，就像一个响亮的电影名称能够成为文化现象，被人们广泛讨论和记忆。例如，《哈利·波特》不仅代表了一系列电影，更成了一个深入人心的品牌，一个好的课程名称也能够在学员心中建立起强烈的品牌印象。

促进传播：一个易于记忆和传播的课程名称，就像一个易于口碑相传的电影名称，能够帮助课程在社交媒体和学员群体中迅速传播。例如，《阿凡达》这样简洁有力的名称很容易被记住并在人群中传播，同样，一个简洁明了的课程名称如"一分钟管理术"也能够快速在学员中流传开来。

所以，课程名称的重要性不言而喻。一个好的课程名称不仅能够吸引目标学员，还能够准确地传达课程的价值和内容，建立强大的品牌形象，并促进课程的传播和推广。正如一个成功的电影名称能够提升电影的票房和影响力，一个好的课程名称也能够提升课程的市场竞争力和吸引力，为课程的成功奠定坚实的基础。

2. 课程名称应具备的特点

课程名称是潜在学员对课程的第一印象，因此它需要精心设计以吸引注意力并传达课程价值。一个好的课程名称应该具备以下特点。

明确性：清晰地反映课程的主题和目的，让学员一目了然。

独特性：在众多课程中脱颖而出，具有辨识度。

容易记：简洁且响亮，便于口口相传和记忆。

富有吸引力：使用积极、动态的词汇，激发潜在学员的兴趣和好奇心。

（二）课程命名的四种方法

如何取好课程的名字？这里介绍常见的四种标题类型，可以作为课程命名的有效方法。这些方法能够帮助课程开发者创造出既有吸引力又能够准确传达课程内容和价值的名称。

1. 问题型

方法：通过提出一个问题来激发潜在学员的好奇心，让他们对课程内容产生兴趣。

示例："如何在 1 天内提升你的数据分析技能"，这个名称通过提问，吸引那些想要快速提升特定技能的学员，并暗示课程中包含了明确的答案和方法。

2. 数字型

方法：利用数字来强调课程的实用性和可量化的学习成果。

示例："5 步打造个人品牌"，通过数字"5"来展示课程的步骤性和实操性，让学员期待通过简短的步骤快速达到具体的成果。

3. 金句型

方法：使用富有启发性的语句或格言来传达课程的深层价值和意义。

示例："领导力的艺术：激发团队潜能的秘诀"，这个名称不仅表明了课程的主题，还暗示了课程将提供深刻的见解和策略，让学员感受到学习的重要性。

4. 正反对比型与对仗型

方法：通过对比正反两方面或使用对仗的修辞手法来强调课程带来的转变和效果。

示例："告别混乱，拥抱有序：时间管理的终极指南"，这个名称通过对比"混乱"和"有序"，强调了课程能够帮助学员实现从无序到有序的转变，同时使用"终极指南"来表明课程的权威性和全面性。

（三）如何让 AI 来包装课程名称

前面我们已经了解了课程命名的方法，那么如何利用 AI 工具快速给课程命名呢？有两种方式，一种是提出具体要求，让 AI 直接给课程命名；另一种让 AI 用某种指定的方式去给课程命名。

用 AI 包装课程名称指令参考：

方式 1：提出具体的要求，直接让 AI 给课程命名

Q：请扮演课程开发专家，为这个［采购谈判技巧］课程取［9］个爆款课程标题，要有新意、创意和体现［采购人员学习谈判的重要性］。
（注："［ ］"内的内容为示例，可替换成自己需要的内容）

A：好的，以下是9个课程名字：

1. "谈判大师课：采购员的制胜之道"
2. "采购精英必修：高效谈判技巧实战"
3. "成本削减利器：采购谈判策略全揭秘"
4. "采购智胜秘籍：谈判技巧的科学与艺术"
5. "价格守卫战：打造顶尖采购谈判专家"
6. "谈判新视角：现代采购员的必备技能"
7. "采购革新：以谈判技巧驱动成本优化"
8. "谈判力量：赋能采购员的企业利润增长策略"
9. "赢在谈判桌：采购谈判的策略与执行"

我们可以选择第4个课程名称放在PPT封面中，如图8-1所示。

包装前

包装后

图 8-1　课程名称包装前后

方式2：让AI参考上文中四种课程命名方法，为课程取名字。

Q：请扮课程命名专家，用［问题型/数字型/金句型/正反对比型/对仗型］的方法，为我的［采购谈判技巧］课程取［10个］标题，标题要有亮点、有重点、有价值。（注："［ ］"内的内容为示例，可替换成自己需要的内容）

A：作为课程命名专家，我将使用［数字型］的方法为您的［采购谈判技巧］课程设计10个具有吸引力、突出重点且富有价值感的标题：

1. "5 步掌握采购谈判：从策略到实施"

突出了通过五个清晰的步骤来掌握谈判技巧的过程。

2. "8 大谈判技巧：提升你的采购影响力"

强调了课程中包含的八种关键谈判技巧。

3. "7 种策略：在采购谈判中取得优势"

突出了学员将学到的七种具体策略，用于在谈判中获得优势。

4. "6 个秘密武器：采购谈判高手的必备技能"

暗示了课程提供六个不为人知但非常有效的谈判工具。

5. "4R 法则：重塑你的采购谈判技巧"

通过"4R"这个易于记忆的框架，表明课程将教授一套全新的谈判方法。

6. "3V 谈判法：价值、速度和效率的胜利"

突出了谈判中的三个关键要素：价值、速度和效率。

7. "90% 成功率：采购谈判的科学与艺术"

强调通过课程学习，学员可以达到高成功率的谈判结果。

8. "10 项原则：构建强大的采购谈判框架"

突出了十项基本原则，用于构建坚实的谈判基础。

9. "4 阶段谈判法：从准备到成交的全过程"

描述了一个分阶段的谈判方法，涵盖谈判的所有关键阶段。

10. "12 个案例：学习顶尖采购谈判实践"

通过十二个实际案例，展示如何在实际情况中应用谈判技巧。

这些标题通过数字来突出课程内容的结构和价值，同时激发潜在学员的好奇心和学习欲望。每个标题都承诺了具体的学习成果，使得课程更具吸引力和实用性。

这些命名方法不仅能够帮助课程在市场中脱颖而出，还能够准确传达课程的核心价值和学习成果。一个好的课程名称是吸引学员、建立品牌形象和促进课程传播的关键。通过巧妙地运用这些方法，课程开发者可以创造出既有创意又具有实际意义的课程名称，从而提高课程的市场竞争力和吸引力。

二、课程结构的包装

（一）什么是课程结构的包装

课程结构包装，也叫作课程建模，它的重要性在于是构建高效、系统化教学内容的基石。课程建模不仅帮助讲师将复杂的知识点和技能有序地组织起来，而且还能够提升学习体验，确保学员能够更好地吸收和应用所学内容。为什么要做课程建模，有以下几点原因。

1. 结构化知识传递

课程建模通过将知识点分解、归类和组织，使得教学内容结构合理、条理清晰。这种有序的结构有助于学员理解复杂概念，并建立起知识点之间的联系。正如建筑需要坚实的框架，课程也需要一个清晰的结构来支撑教学目标的实现。

2. 提高教学效率

一个良好的课程模型可以帮助讲师更高效地传授知识。通过明确的教学步骤和流程，讲师能够确保每个重要的概念都得到适当的时间和注意力。这不仅节省了讲师的时间，也避免了在教学过程中的重复和遗漏。

3. 增强学习体验

课程建模考虑到学员的学习路径和体验，通过设计互动环节、案例分析和实践活动，增加课程的参与度和实用性。这种以学员为中心的方法能够激发学员的兴趣，提高他们的学习动力和满意度。

4. 便于评估和改进

一个清晰的课程模型为评估和改进提供了基础。讲师可以根据模型中的各个部分来评估学员的学习成果，识别教学中的强项和弱点，并据此进行调整和优化。这种持续的改进过程有助于提升课程质量，确保教学目标的实现。

5. 促进知识长期记忆

通过将知识点和技能整合到一个有意义的模型中，课程建模有助于学员形成长期记忆。模型提供了一个框架，帮助学员将新知识与已有知识相连接，从而更容易记忆和应用。

6. 适应多样化学习需求

良好的课程模型能够适应不同学员的学习风格和需求。通过提供多种教学方法和资源，课程模型可以满足视觉、听觉和动手操作型学员的需求，确保其能有效地学习。

总之，课程建模是确保教学质量、提升学习成效的关键环节。它不仅帮助讲师系统地传授知识，还为学员提供了一个清晰、有吸引力和易于理解的学习环境。通过精心设计的课程模型，讲师能够更有效地实现教学目标，而学员也能够获得更丰富、更深入的学习体验。

（二）课程建模包装的八种方式

作为课程开发专家，对课程进行建模包装是一个关键步骤，它能够让课程内容更具条理化、易于理解和记忆。以下是几种基于文档内容的课程建模包装方法，以及它们的应用说明和实例：

1. 方式1：排比短句法

排比短句法是将课程内容或要点总结成排比短句，即简化为一系列字数简洁、字数一致、句式一致的短句，便于记忆和理解。

案例1："项目管理原则"课程有四大原则，分别是"计划周详、执行果断、监控及时、调整灵活"。这些短句概括了项目管理的关键环节，帮助团队成员记住每个阶段的重要任务。

案例2："高效学习4步方法"课程的四个步骤，分别是"主动学习、深度思考、持续实践、定期复习"。这些短句总结了高效学习的关键步骤，鼓励学员采用更科学的学习策略。

案例3："团队沟通技巧"课程的四个部分，分别是"倾听理解、清晰表达、尊重差异、积极反馈"。这些短句突出了团队沟通中最重要的几个方面，帮助团队成员提升沟通效果。

通过排比短句，复杂的概念和流程可以被简化为易于记忆和应用的要点，使得学习和实践更加高效。

2. 方式2：同字压缩法

同字压缩法通过在一系列短句中重复使用相同的字或词，提取共有的字来形成易于记忆的短语或口号，来强化记忆和理解。

案例1："领导力三要素"课程中的三个要素分别是"愿景导向、团队导向、结果导向"。这三个短句都以"导向"两字结尾，强调了领导力的三个关键方面：设定清晰愿景、建设高效团队、关注结果。

案例2："如何打造健康生活方式"课程中提到的三种方法是"饮食规律、运动规律、睡眠规律"。这些短句都以"规律"结尾，概括了维持健康生活方式的三个基本要素。

案例3："销售成功的关键步骤"课程中，有三个步骤，分别是"了解产品、了解客户、了解时机"。这些短句都以"了解"两字开头，突出了销售成功的三个重要环节：深入了解产品、理解客户需求、把握销售时机。

通过同字压缩，核心概念和步骤被压缩成一系列简短、重复的短语，便于记忆和应用，增强了信息传递的效率。

3. 方式3：一字提炼法

一字提炼法是用一个关键字来代表每个观点或步骤，适用于流程步骤和核心要点的提炼。

案例1：高效会议指南的四个步骤，分别是"备、导、记、跟"。这些关键字代表了高效会议的四个关键步骤：准备（备）、主导（导）、记录（记）、跟进（跟）。

案例2：问题解决流程四步骤，分别是"定、析、解、评"。这些关键字概括了问题解决的基本流程：定义（定）、分析（析）、解决（解）、评估（评）。

案例3：在客户服务培训中，可以总结为"听、问、答、记、跟"，每个字代表一个服务步骤，分别是：听感受、问需求、答疑问、记反馈、跟结果。

通过一字提炼法，复杂的过程和概念可以被简化为一系列关键字，便于记忆和应用，有助于提高沟通和学习的效率。

4. 方式4：中文口诀法

中文口诀法是利用熟悉的俗语、口诀或短语进行改编，使其贴合课程内容，便于学员理解和记忆。

案例1：出门四件事——"伸手要钱"。意思是出门一定要记住不要忘记带四种东西，伸（身份证）、手（手机）、要（钥匙）、钱（钱包）。

案例2：在《AI写作：用AI倍速提升写作效率》这本书中，提到了"名剑山庄"AI写作模型，分别是"名（明确主题）、剑（搭建结构）、山（闪写内容）、庄（包装优化）"。

案例3：在"结构演讲力"课程中，提到了如何做好一场演讲的"起承转合"模型，分别是"起（引起兴趣）、承（承接结构）、转（转换表达）、合（总结收尾）"，如图8-2所示。

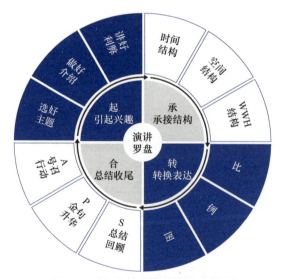

图8-2 "起承转合"演讲罗盘模型

5. 方式5：公式法

将解决问题的关键行为动作总结为公式，通过数学公式设计、讲解，给学员留下直观的印象。

案例1：在讲解成功公式时，可以提出"成功 = 努力（行动）+ 智慧（决策）+ 机遇（环境）"。这个公式强调了成功的关键要素，即个人的努力和智慧，以及外部机遇。

案例 2：在讲解团队效率公式时，可以提出"团队效率 = 协作^2/矛盾"。这个公式表明，提高团队效率和协作的平方成正比，而团队内部的矛盾则会降低效率。

案例 3：在讲解学习成效公式时，可以提出"学习成效 = 理解 × 应用 × 记忆"。这个公式说明了学习成效取决于三个要素：对知识的理解、将知识应用于实践，以及记忆的持久性。

公式法将复杂的过程和概念简化为直观的表达式，便于理解和记忆，有助于提高学习和实践的效率。

6. 方式 6：形象借喻法

形象借喻法在课程开发中是一种极具创意和直观的建模方法。通过将抽象的知识点具象化，将陌生的事物比作熟悉的事物，从而帮助学员更好地理解和记忆课程内容。下面详细介绍这个方法的应用步骤和优势。

应用步骤：

（1）知识点分析：对课程内容进行深入分析，识别出关键的知识点和概念。

（2）选择合适的借喻对象：根据知识点的特性，选择一个或多个具体的、易于理解的物体或现象作为借喻对象。例如，如果课程内容强调层级结构和生长发展，可以选择"树"作为借喻。

（3）建立映射关系：将知识点的属性和借喻对象的特征进行对应。比如，将树的根、干、枝、叶分别对应到课程的根基理论、主干知识、分支应用和个人发展等方面。

（4）视觉和符号辅助：利用图表、模型等视觉辅助工具，将借喻对象更加形象地展示给学员，增强记忆和理解。

（5）反馈与调整：根据学员的反馈和学习效果，对借喻模型进行调整和优化，确保其教学效果。

优点：

提高记忆效率：通过将抽象知识具象化，学员可以借助具体的形象更好地记忆知识点。

降低理解难度：借喻模型可以帮助学员从不同的角度理解知识点，促进深层次的学习。

激发学习兴趣：形象化的教学方法更能激发学员的学习兴趣和参与感。

促进知识迁移：通过建立知识点与具体事物的联系，有助于学员将所学知识应用到实际情境中。

创新思维培养：这种方法鼓励学员进行创新性思维，将不同领域的知识进行联系和整合。

应用案例：

案例1：假设我们要设计一门关于计算机网络的课程，可以将计算机网络的结构和功能比作一个"城市交通系统"。在这个比喻中，路由器就像是城市的交通枢纽，数据包则像是行驶在道路上的车辆，而各种网络协议则是交通规则，确保数据能够高效、安全地在网络中传输。通过这样的形象借喻，学员可以更加直观地理解计算机网络的工作原理和各个组成部分的功能。

案例2：在项目管理课程中，项目管理可以比作"建造大楼"。项目目标就像是建筑设计图，团队成员和资源就像是建筑工人和材料，项目管理的过程就是按照设计图一步步建造出大楼。通过模拟一个建筑项目从规划到完成的过程，员工可以学习项目管理的各个阶段和关键任务。

案例3：在财务管理课程中，财务管理可以比作"航海"。财务目标就像是目的地，财务计划就像是航线图，资金流动就像是船上的燃料和供给，风险管理就像是应对海上风暴的准备。通过模拟航海活动，员工可以学习如何制订财务计划、管理资金和应对财务风险。

案例4：在供应链管理课程中，供应链管理可以比作"自行车链条"。每个供应链环节就像是链条中的一节，只有当所有环节都顺畅无阻时，整个链条才能高效运转。通过组装和检查自行车链条，员工可以理解供应链中各个环节的重要性以及如何优化整个链条的效率。

案例5：在客户服务课程中，客户服务可以比作"园艺"。客户就像是植物，需要通过定期的关怀和维护来培养和保持健康的关系，优质的服务就像是阳光和水分，帮助植物生长。通过园艺活动，员工可以学习如何通过持续的服务和关怀来培养客户忠诚度。

案例6：在团队协作课程中，团队协作可以比作"乐队演奏"。每个团队成员就像是乐队中的一个成员，他们需要通过协作和协调来共同完成一首美妙的音乐作品。通过组建一个临时乐队并进行排练和表演，员工可以学习团队合作的重要性和技巧。

案例7：在战略规划课程中，战略规划可以比作"登山"。企业目标就像是山顶，战略规划就像是选择路线和准备装备，执行战略就像是攀登过程，需要不断调整和应对挑战。通过模拟登山活动，员工可以学习如何制定和执行企业战略。

通过这些企业培训的案例，我们可以看到"形象借喻"法如何帮助员工通过类比的方式，将抽象的概念转化为具体的活动，从而更好地理解和应用所学知识。

7. 方式7：字母组合法

字母组合法是将各观点英文单词首字母进行归纳，组成容易记忆的缩写，或是将一个英文单词中的字母，拆解为各字母开头的单词。

案例1：在沟通技巧课程中，可以创建"LISTEN"模型，每个字母代表沟通的一个关键要素：Look（检察）、Inquire（询问）、Speak（说话）、Thank（感谢）、Endeavor（努力）、Navigate（导航）。

案例2：在领导力课程中，可以创建"VISION"模型，分别是Vigilant（警觉）、Inspiring（激励）、Strategic（战略）、Intelligent（智慧）、Optimistic（乐观）、Nurturing（培养）。这个缩写概括了领导力的重要方面，每个字母代表一个关键特质。

案例3：在项目管理的关键步骤课程中，可以创建"PLANT"模型，分别是Plan（计划）、Launch（启动）、Analyse（分析）、Negotiate（协商）、Terminate（结束）。这个缩写总结了项目管理的主要步骤，每个字母代表项目管理的一个阶段。

通过字母组合法，复杂的概念和步骤可以被简化为一系列字母组成的缩写，便于记忆和应用，有助于提高学习和实践的效率。

8. 方式 8：巧用数字法

通过数字来串联和归纳核心观点、方法或流程，使得内容有序且易于把握。

案例 1：在领导力发展课程中，可以设计"三三制领导法则"，分别是"三思而后行、三顾茅庐求贤若渴、三位一体管理法"。

案例 2：在住房贷款及衍生分期业务培训中，有个同学设计了一个"一二三法则学会住房贷款及衍生分期业务知识"，含义为"一臂之力：购房贷款；两全其美：装修 + 车位贷款；三口之家：婚庆 + 教育 + 日常"。

案例 3：某银行内训师在讲授如何做好客户服务质量的课程中，培训师创造性地将服务理念与银行的客服热线号码 95599 相结合，创造了一套独特的服务准则，称为"95599 客户关怀准则"。

第一个数字"9"代表"持久如一"——对客户服务的耐心和热情始终如一，永不减退。

第二个数字"5"代表"无所不为"——在业务处理上专业而全面，力求在任何情况下都能为客户提供解决方案。

第三个数字"5"代表"无坚不破"——坚守职业操守和道德底线，确保服务的质量和安全不受任何影响。

第四个数字"9"代表"一言九鼎"——承诺诚信经营，每一句话都代表着银行的信誉和可靠性。

最后一个数字"9"代表"久久为功"——致力于与客户的长期关系建设，持续提供优质服务，确保客户满意度和忠诚度。

这套"95599 客户关怀准则"不仅易于记忆，而且深入人心，有效地将服务理念与银行品牌紧密结合，为员工提供了明确的服务指导和行为标准。

（三）如何让 AI 对课程结构进行建模包装

了解完了课程建模的方式以后，那么如何用 AI 实现一键对课程内容建模呢？我们还是以"采购谈判技巧"课程中的三大阶段来举例。

排比短句法：用 AI 建模包装指令参考：

Q：请扮演课程开发专家。请针对［采购员谈判技巧］的课程结构进行建模包装，课程结构如下。

一、谈判前的准备［做好充分准备、建立议程、做好心理建设工作］。

二、谈判中的方法［如何做好有效沟通、谈判的策略有哪些、谈判节奏的控制］。

三、谈判后的维护［总结评估谈判内容、和客户签订谈判合同、做好后续跟进维护工作］。

请用［排比短句法］对以上课程的结构和内容进行包装，［排比短句是将课程内容或要点总结成排比短句，即简化为一系列字数简洁、字数一致、句式一致的短句，便于记忆和理解］。请确保模型逻辑清晰，实用性强，能够准确表达原来的课程内容。（注："［ ］"内的内容为示例，可替换成自己需要的内容）

A：在设计［采购员谈判技巧］的课程模型时，我们可以通过排比短句法来增强课程内容的逻辑性和易记性。以下是针对您提供的课程结构的排比短句包装：

一、谈判前的准备
研究对手，了解需求
制订议程，明确目标
心理建设，自信启程

二、谈判中的方法
倾听为先，沟通为基
策略灵活，应对多变
控制节奏，把握主动

三、谈判后的维护
评估总结，提炼经验
合同签订，明确条款
后续跟进，维护关系

通过这样的排比短句，我们不仅将课程内容进行了简化和统一，而且增强了其节奏感和韵律感，使其更易于学员理解和记忆。同时，这种结构也保持了课程内容的完整性和逻辑性，确保了实用性和可操作性。

同字压缩法：用 AI 建模包装指令参考：

Q：请扮演课程开发专家。请针对［采购员谈判技巧］的课程结构进行建模包装，课程结构如下：

一、谈判前的准备［做好充分准备、建立议程、做好心理建设工作］。

二、谈判中的方法［如何做好有效沟通、谈判的策略有哪些、谈判节奏的控制］。

三、谈判后的维护［总结评估谈判内容、和客户签订谈判合同、做好后续跟进维护工作］。

请用［同字压缩法］对以上课程的结构和内容进行包装，［同字压缩法是通过在一系列短句中重复使用相同的字或词，如果没有相同的字或词则需要你设计一些相同的字或词，然后提取共有的字来形成易于记忆的短语或口号，一般短句都以相同的字或词结尾或开头，使得整个课程结构更加易于学习者记忆］。请确保模型逻辑清晰，实用性强，能够准确表达原来的课程内容。（注："［ ］"内的内容为示例，可替换成自己需要的内容）

A：在设计课程结构时，使用"同字压缩法"可以增强记忆点，提高学习效率。针对"采购员谈判技巧"的课程，我们可以将每个部分的关键词进行提取，并围绕这些关键词构建易于记忆的短语或口号。以下是根据您提供的课程结构进行的模型包装：

一、谈判前的准备

关键词提取：准备、议程、心理

同字压缩法应用：以"备"字为核心，构建短语

包装后的短语：谈判"备"战，议程"备"设，心理"备"防

二、谈判中的方法

关键词提取：沟通、策略、节奏

同字压缩法应用：以"略"字为核心，构建短语

包装后的短语：沟通"略"懂，策略"略"施，节奏"略"控

三、谈判后的维护

关键词提取：评估、合同、维护

同字压缩法应用：以"后"字为核心，构建短语

包装后的短语：评估"后"思，合同"后"签，维护"后"续

整体课程结构口号

将上述三个部分的短语串联起来，形成易于记忆的口号：

谈判"备"战，议程"备"设，心理"备"防——准备阶段

沟通"略"懂，策略"略"施，节奏"略"控——谈判阶段

评估"后"思，合同"后"签，维护"后"续——维护阶段

整体口号：备战议程心理，略懂策略节奏，后思后签后续。

这个口号不仅易于记忆，而且涵盖了课程的三个主要部分，同时保持了逻辑清晰和实用性。通过重复使用"备""略""后"三个字，学习者可以快速回忆起每个阶段的关键行动点。

一字提炼法：用 AI 建模包装指令参考：

Q：请扮演课程开发专家。请针对［采购员谈判技巧］的课程结构进行建模包装，课程结构如下：

一、谈判前的准备［做好充分准备、建立议程、做好心理建设工作］。

二、谈判中的方法［如何做好有效沟通、谈判的策略有哪些、谈判节奏的控制］。

三、谈判后的维护［总结评估谈判内容、和客户签订谈判合同、做好后续跟进维护工作］。

请用［一字提炼法］对以上课程的结构和内容进行包装，［用一个关键字来代表每个观点或步骤，适用于流程步骤和核心要点的提炼］。请确保模型逻辑清晰，实用性强，能够准确表达原来的课程内容。（注："[ ]"内的内容为示例，可替换成自己需要的内容）

A：在采用一字提炼法对［采购员谈判技巧］的课程结构进行包装时，我们可以通过选取每个步骤或观点的关键字，来形成一套简洁、易于记忆的

模型。以下是针对您提供的课程结构的一字提炼法包装：

一、谈判前的准备

备：代表做好充分准备

议：代表建立议程

建：代表做好心理建设工作

二、谈判中的方法

通：代表如何做好有效沟通

策：代表谈判的策略有哪些

节：代表谈判节奏的控制

三、谈判后的维护

评：代表总结评估谈判内容

签：代表和客户签订谈判合同

维：代表做好后续跟进维护工作

将这些关键字组合起来，可以形成一个简洁有力的口号或模型，帮助学员快速记忆和掌握课程的核心内容：

准备议程建设，沟通策略控制，评估签订维护

这个口号不仅涵盖了课程的所有关键步骤，而且增强了节奏感和易记性，同时保持了逻辑的清晰和实用性。

中文口诀法：用 AI 建模包装指令参考：

Q：请扮演课程开发专家。请针对［采购员谈判技巧］的课程结构进行建模包装，课程结构如下。

一、谈判前的准备［做好充分准备、建立议程、做好心理建设工作］。

二、谈判中的方法［如何做好有效沟通、谈判的策略有哪些、谈判节奏的控制］。

三、谈判后的维护［总结评估谈判内容、和客户签订谈判合同、做好后续跟进维护工作］。

请用［中文口诀法］对以上课程的结构和内容进行包装，［利用熟悉的俗语、口诀或短语进行改编，使其贴合课程内容，便于学员理解和记忆］。

请确保模型逻辑清晰，实用性强，能够准确表达原来的课程内容。(注:"[ ]"内的内容为示例，可替换成自己需要的内容）

A：好的，针对"采购员谈判技巧"的课程结构，我将使用中文口诀法进行模型包装，使其更加便于学员理解和记忆。

一、谈判前的准备

口诀："知己知彼，百战不殆；议程先行，心理要强。"

解释：

"知己知彼，百战不殆"强调了做好充分准备的重要性，了解自身和对方的情况。

"议程先行"提醒建立谈判议程，确保谈判有序进行。

"心理要强"则是做好心理建设工作，保持自信和冷静。

二、谈判中的方法

口诀："沟通是桥梁，策略是钥匙；节奏要掌控，谈判更顺利。"

解释：

"沟通是桥梁"强调了有效沟通在谈判中的作用，是双方理解与合作的基础。

"策略是钥匙"指出了谈判策略的重要性，如同打开成功之门的钥匙。

"节奏要掌控"提醒控制谈判节奏，以保持主动和优势。

三、谈判后的维护

口诀："总结是镜子，合同是锁；后续要跟进，关系更牢固。"

解释：

"总结是镜子"意味着通过总结评估谈判内容，可以反观自己的表现，为未来提供借鉴。

"合同是锁"强调了签订谈判合同的重要性，确保谈判成果的法律效力。

"后续要跟进"提醒做好后续跟进维护工作，以巩固和深化与客户的关系。

通过这样的口诀法包装，不仅使课程内容更加生动形象，而且便于学员记忆和应用。每个部分的口诀都紧扣课程的核心要点,同时利用了熟悉的语言模式,增强了实用性和逻辑性。

公式法:用 AI 建模包装指令参考:

Q:请扮演课程开发专家。请针对[采购员谈判技巧]的课程结构进行建模包装,课程结构如下。

一、谈判前的准备[做好充分准备、建立议程、做好心理建设工作]。

二、谈判中的方法[如何做好有效沟通、谈判的策略有哪些、谈判节奏的控制]。

三、谈判后的维护[总结评估谈判内容、和客户签订谈判合同、做好后续跟进维护工作]。

请用[公式法]对以上课程的结构和内容进行包装,[将解决问题的关键行为动作总结为公式,通过公式设计、讲解,给学员留下直观的印象]。请确保模型逻辑清晰,实用性强,能够准确表达原来的课程内容。(注:"[ ]"内的内容为示例,可替换成自己需要的内容)

A:作为课程开发专家,我们可以使用公式法来包装采购员谈判技巧的课程结构,使其更加直观和易于记忆。以下是我们为每个阶段设计的公式:

1. 谈判前的准备:

公式:$P = K + M + S$

解释:P(Preparation,准备)= K(Knowledge,知识)+ M(Motivation,动机)+ S(Strategy,策略)。在谈判前,采购员需要对自己、对手和谈判环境有充分的了解(知识),保持积极的态度(动机),并制定出合适的谈判策略(策略)。

2. 谈判中的方法:

公式:$E = C + S + R$

解释:E(Effective Communication,有效沟通)= C(Clear,清晰)+ S(Strategic,策略性)+ R(Rhythm,节奏)。在谈判过程中,采购员需要保持沟通的清晰度(清晰),采用策略性的沟通方式(策略性),并控制谈判的节奏(节奏),以实现有效的沟通。

3. 谈判后的维护：

公式：S = A + C + F

解释：S（Summary，总结）= A（Assessment，评估）+ C（Contract，合同）+ F（Follow up，跟进）。在谈判结束后，采购员需要对谈判内容进行评估（评估），与客户签订谈判合同（合同），并进行后续的跟进工作（跟进），以确保谈判成果的落地。

通过使用公式法，我们可以将谈判技巧的每个阶段的关键行为动作以一种逻辑清晰、直观的方式呈现给学员，帮助他们更好地理解和记忆课程内容。同时，公式的设计也强调了各部分之间的逻辑关系和相互作用。

形象借喻法：用 AI 建模包装指令参考：

Q：请扮演课程开发专家。请针对［采购员谈判技巧］的课程结构进行建模包装，课程结构如下：

一、谈判前的准备［做好充分准备、建立议程、做好心理建设工作］。

二、谈判中的方法［如何做好有效沟通、谈判的策略有哪些、谈判节奏的控制］。

三、谈判后的维护［总结评估谈判内容、和客户签订谈判合同、做好后续跟进维护工作］。

请用［形象借喻法］对以上课程的结构和内容进行包装，［"形象借喻"法通过将抽象的知识点具象化，比作人们熟悉的具体事物，从而帮助学员更好地理解和记忆课程内容］。请确保模型逻辑清晰，实用性强，能够准确表达原来的课程内容。（注："[ ]"内的内容为示例，可替换成自己需要的内容）

A：好的，我将使用"形象借喻法"来包装"采购员谈判技巧"的课程结构，通过将抽象的知识点比作具体的事物，帮助学员更好地理解和记忆。以下是我为每个部分设计的形象借喻：

一、谈判前的准备

形象借喻："种树理论"

解释：

做好充分准备　比作"树根"，根深则树固，强调准备工作的重要性，就像树根一样，是整个谈判过程的坚实基础。

建立议程　比作"树干"，树干直则树高，议程是谈判的中心结构，需要明确和坚定。

做好心理建设工作　比作"树冠"，树冠茂则树美，心理建设是谈判的外在表现，需要强大和积极。

二、谈判中的方法

形象借喻："航海理论"

解释：

如何做好有效沟通　比作"航海中的罗盘"，指引方向，有效沟通是谈判中的方向指引，确保谈判不偏离预定目标。

谈判的策略有哪些　比作"航海策略"，如顺风航行或逆风航行，不同的策略适用于不同的谈判环境和对手。

谈判节奏的控制　比作"船速控制"，控制船速以适应不同的海流和天气，谈判节奏的控制同样需要根据情况灵活调整。

三、谈判后的维护

形象借喻："园艺理论"

解释：

总结评估谈判内容　比作"修剪枝叶"，去除不必要的部分，保留有价值的成果，总结评估是谈判结束后的整理工作。

和客户签订谈判合同　比作"播种"，确保之前的谈判成果能够在合同中得到体现，就像种子种下后期待发芽生长。

做好后续跟进维护工作　比作"浇水施肥"，合同签订后，需要持续的关怀和投入，以保证谈判成果的长期效益。

通过使用形象借喻法，我们可以将谈判技巧的每个阶段与具体、熟悉的事物相联系，从而帮助学员以更直观、更生动的方式理解和记忆课程内容。同时，这种包装方式也增加了学习的趣味性，提高了学员的学习兴趣和参与度。我们也可以把谈判的三个阶段比喻成一个事物，参考指令如下。

Q：如何将三个阶段比喻成一个事物呢？

A：如果需要将整个谈判过程的三个阶段比喻成一个连续的事物，我们可以采用"建筑理论"来进行形象包装，因为建筑的构建过程从打地基到最终维护，与谈判的三个阶段有着相似的连续性和逻辑性。

建筑理论

一、谈判前的准备——打地基

比喻：打地基是建筑的第一步，确保了整个结构的稳定性和安全性。

对应课程内容：谈判前的准备工作，包括做好充分准备、建立议程、做好心理建设工作，就像打地基一样，为谈判打下坚实的基础。

二、谈判中的方法——建主体

比喻：建筑的主体结构是整个建筑的核心，需要精心设计和构建。

对应课程内容：谈判中的方法，包括如何进行有效沟通、采取何种谈判策略、控制谈判节奏，相当于构建建筑的主体，是谈判过程中最关键的部分。

三、谈判后的维护——装修与维护

比喻：建筑完成后的装修和维护工作，确保建筑的美观和功能性，以及长期使用的耐久性。

对应课程内容：谈判后的维护工作，包括总结评估谈判内容、和客户签订谈判合同、做好后续跟进维护工作，就像对建筑进行装修和维护，确保谈判成果的稳固和持久。

通过"建筑理论"的形象借喻，我们可以将谈判的整个过程比作建造一栋房子，从打地基到建主体再到装修与维护，每个阶段都是不可或缺的，且相互关联，共同确保了谈判的成功和长期效益。这样的比喻不仅逻辑清晰，而且易于学员理解和记忆。

字母组合法：用 AI 建模包装指令参考：

Q：请扮演课程开发专家。请针对［采购员谈判技巧］的课程结构进行建模包装，课程结构如下：

一、谈判前的准备［做好充分准备、建立议程、做好心理建设工作］。

二、谈判中的方法［如何做好有效沟通、谈判的策略有哪些、谈判节奏的控制］。

三、谈判后的维护［总结评估谈判内容、和客户签订谈判合同、做好后续跟进维护工作］。

请用［字母组合法］对以上课程的结构和内容进行包装，［字母组合法是将各观点英文单词首字母进行归纳，组成容易记忆的缩写，或是将一个英文单词中的字母，拆解为各单词的首字母］。请确保模型逻辑清晰，实用性强，能够准确表达原来的课程内容。（注：" [ ] "内的内容为示例，可替换成自己需要的内容）

A：好的，我将使用"字母组合法"对"采购员谈判技巧"的课程结构进行包装。这种方法将通过提取关键英文单词的首字母来形成容易记忆的缩写或词组，以帮助学员更好地记忆和理解课程内容。

一、谈判前的准备

关键英文单词：

Prepare（准备）

Agenda（议程）

Mentality（心理建设）

字母组合：PAM

二、谈判中的方法

关键英文单词：

Communicate（沟通）

Strategy（策略）

Rhythm（节奏）

字母组合：CSR

三、谈判后的维护

关键英文单词：

Evaluate（评估）

Contract（合同）

Follow up（跟进）

字母组合：ECF

通过使用字母组合法，我们创建了三个容易记忆的缩写词组：PAM、CSR 和 ECF，分别对应谈判前的准备、谈判中的方法和谈判后的维护。这种包装方式不仅帮助学员快速记忆课程的关键点，而且也强调了每个阶段的逻辑顺序和重要性。

巧用数字法：用 AI 建模包装指令参考：

Q：请扮演课程开发专家。请针对［采购员谈判技巧］的课程结构进行建模包装，课程结构如下：

一、谈判前的准备［做好充分准备、建立议程、做好心理建设工作］。

二、谈判中的方法［如何做好有效沟通、谈判的策略有哪些、谈判节奏的控制］。

三、谈判后的维护［总结评估谈判内容、和客户签订谈判合同、做好后续跟进维护工作］。

请用［巧用数字法］对以上课程的结构和内容进行包装，［通过数字来串联和归纳核心观点、方法或流程，使得内容有序且易于把握。］。请确保模型逻辑清晰，实用性强，能够准确表达原来的课程内容。（注："［ ］"内的内容为示例，可替换成自己需要的内容）

A：好的，我将使用"巧用数字法"来包装"采购员谈判技巧"的课程结构。这种方法通过数字来串联和归纳核心观点、方法或流程，使得内容更加有序且易于把握。

一、谈判前的准备

数字模型：123 准备法则

解释：

1 个核心目标：明确谈判的核心目标和预期结果。

2 个基础准备：做好市场调研和了解对方背景。

3 个心理准备：建立自信、保持耐心、准备应对压力。

二、谈判中的方法

数字模型：3C 沟通法则

解释：

Clarity（清晰）：确保沟通信息明确无误。

Courtesy（礼貌）：保持专业和礼貌的态度。

Control（控制）：控制谈判节奏和情绪。

三、谈判后的维护

数字模型：3S 维护法则

解释：

Summarize（总结）：对谈判过程和结果进行总结。

Sign（签约）：与客户签订谈判合同，确保谈判成果。

Sustain（保持）：做好后续跟进，维护和发展长期关系。

通过使用"巧用数字法"，我们可以将谈判技巧的每个阶段的核心内容以数字的形式进行归纳和串联，形成易于记忆和应用的法则。这种方法不仅帮助学员快速把握谈判的关键步骤，而且也强调了每个阶段的逻辑顺序和重要性，使得整个谈判过程更加清晰和有序。

（四）课程建模包装的五个步骤

建模包装的步骤，总共分成五步：知识提炼——模型创建——图形化呈现——实践验证——持续迭代。

步骤 1：知识提炼

从广泛的课程材料中提取最关键的概念、原则和技能。通过深入分析课程目标和学员需求，识别出课程的核心知识点。这可能包括对现有教材、案例研究、实践经验和理论框架的仔细审查。

步骤 2：模型创建

根据提炼出的要点，选择合适的建模方法，创建易于理解和记忆的模型。选择合适的建模技术（如排比短句、同字压缩、一字提炼等），根据课程内容的特点创建模型。

步骤 3：图形化呈现

通过视觉元素将课程模型呈现出来，增强学习体验。利用图形工具，如思维导图、流程图或 PPT 中的 SmartArt 图形，将模型可视化。确保图形清晰、吸引人，并且与课程内容紧密相关。

步骤4：实践验证

在实际教学中测试模型的有效性，并根据学员的反馈进行调整。在教学过程中应用创建的模型，观察学员的反应和学习成果。收集学员的反馈，了解模型的易懂程度、实用性和吸引力。

步骤5：持续迭代

根据反馈和教学经验不断改进课程模型，确保其始终符合教学目标和学员需求。定期回顾课程内容和模型，根据最新的教育研究、技术发展和学员反馈进行更新和优化。这可能包括调整模型的结构、增加新的案例研究或更新图形元素。

通过这些方法，课程开发者可以创建出结构化、有解释力、有记忆点的课程模型，使课程内容更加生动、易于理解和应用。这种系统的建模包装方法有助于提升课程质量，满足学员的学习需求，并实现教学目标。

通过这些细致的包装工作，课程不仅能够吸引目标学员，还能够提供一个高质量的学习环境，确保学员能够获得积极和有效的学习体验。课程包装是课程成功的关键因素之一，它直接影响到课程的市场表现和学员满意度。就像一栋建筑通过精心装修变得宜居和吸引人一样，一个课程通过专业的包装变得生动和有吸引力，从而实现教育目标和商业价值的双重成功。

后　记

拥抱未来，与 AI 共舞

随着科学技术的迅猛发展，人工智能（AI）逐渐成为我们生活和工作中不可或缺的一部分。然而，关于 AI 是否会取代人类的疑虑也在人们心中蔓延。有的人非常焦虑，害怕自己很快会被 AI 取代，有的人谈 AI 就色变，对它嗤之以鼻。那么 AI 到底会不会取代人类？

AI 取代岗位的不可避免性

我们不得不正视的是，AI 的发展势头确实将在一定程度上取代传统的工作，因为它打破了传统工作方式，使得入行门槛变得更低，效率变得更高。自动化技术和机器学习算法的日益完善，使得某些重复性高、规律性明显的工作更容易被 AI 取代。比如流水线、装配线上的工种，现在很多先进的工厂已经有了"黑灯工厂"（全自动化装配，没有工人，无需开灯）；还有电话销售，现在已经有了 AI 外呼，机器人给你推荐产品，你甚至都分不清楚对方是否为机器人；还有 IT 行业，你无须懂得编程语言，通过提问让 AI 自动帮你编写代码；绘画行业，你无须美术基础，你只管想象，通过提示词让 AI 自动帮你生成绘画和设计作品；还有 AI 主播、数字人分身、AI 教师，等等，都会打破传统的工作方式。

然而，这并不意味着所有岗位都将被智能化，都会被 AI 取代，因为人类独有的创造力、情感智能和复杂决策能力仍然难以被复制。

AI 带来新岗位的诞生

值得欣慰的是，随着 AI 的崛起，也将催生出一系列新兴岗位。提示词工程师、AI 设计师、AI 训练师、AI 算法工程师、AI 编剧、AI 培训师、AI 心理辅导师等新兴职业将成为市场上的热门需求。这不仅为就业市场注入了新的活力，同时也提醒我们，虽然一些传统工作可能被取代，但机遇与挑战并存。

拥抱 AI，学习 AI，驾驭 AI

面对 AI 的冲击，我们不应该消极抵制，而是要积极适应变革并勇于创新。

1907 年 4 月 24 日晚上，纽约曼哈顿的街道在黑暗中沉寂，2.5 万盏煤气灯黯然失色，未被点亮。这是因为在那个夜晚，负责点亮这些煤气灯的 600 名灯夫集体宣布罢工。

那么，为什么灯夫们选择罢工呢？在此之前，每个晚上，灯夫们都需要手持长长的火把和梯子，费尽心力逐一点亮街边的煤气灯。即便是最出色的灯夫，一晚上也只能点燃 50 盏煤气灯。然而，电灯的出现改变了一切。仅仅一个电变压站的工作人员就能在几秒钟内轻松打开数千盏电灯，相当于一个人取代了几十、甚至上百名灯夫的工作。灯夫们的技能在瞬间变得无用武之地，只能通过罢工来表达他们对这一技术变革的反抗。

然而，毫无疑问，灯夫们并不能阻止电力技术的蓬勃发展。那么，最终，这场罢工给灯夫们带来了什么结局呢？最早认识到电力潜力的灯夫纷纷进入电力和照明行业，而部分顽固的灯夫则固守原有的工作。直至 1927 年，也就是罢工后的 20 年，电灯已经覆盖了整个纽约市，最后的两名灯夫也不得不放弃他们曾经引以为傲的工作。从此，再也没有人从事"灯夫"这个职业。

没有人能阻挡 AI 前进的脚步，就像当年没有人能阻挡电灯的普及一样。拥抱 AI，学习 AI，驾驭 AI，让 AI 成为我们应对未来的关键路径。与其过分担心失业的威胁，不如将目光投向未来的职业机遇，思考能否把"传统职业"变成"AI+ 传统职业"。通过不断学习新技能，我们可以更好地适应新的工作环境，迎接变革所带来的机遇。

驾驭 AI 和被 AI 驾驭

在未来有两类人，一类是能够驾驭 AI 的人，他们善于与技术互动，不断创新，发挥人类特有的智慧；另一类是被 AI 驾驭的人，他们对新技术抱有抵触情绪，逐渐失去了在竞争中的优势。我们每个人都应该努力成为第一类人，主动地将 AI 作为工具，借助其强大的计算和处理能力，提升工作效率，创造更多价值。

AI 让生活变得更加美好

最终，我们不能忽视的是，AI 的发展是为了让人类生活更加便利、舒适、美好。通过将烦琐的任务交给 AI 完成，我们能够腾出更多时间专注于创造性的工作和享受生活。AI 的到来不是威胁，而是一个推动社会进步的力量。

结语

在面对人工智能时，我们需要保持开放的心态，积极适应变革，不断学习新知识。只有这样，我们才能在未来社会中立于不败之地。驾驭 AI，让其成为我们的助手，共同创造更加美好的未来。拥抱 AI，与其抗衡，不如与之合作，让科技为人类的发展和幸福添砖加瓦。

参考文献

[1] 邓世超. 结构演讲力[M]. 北京：电子工业出版社，2022.
[2] 明托. 金字塔原理[M]. 汪洱，高愉，译. 海口：南海出版公司，2019.
[3] 加涅，韦杰，戈勒斯，等. 教学设计原理[M]. 5版修订本. 王小明，庞维国，陈保华，等译. 上海：华东师范大学出版社，2018.
[4] 梅尔. 培训学习手册：全球500强广为推崇的快速学习法[M]. 2版. 刘安田，张峰，译. 北京：企业管理出版社，2007.
[5] 陈练. 三步成师[M]. 北京：机械工业出版社，2024.
[6] 安德森. 布卢姆教育目标分类学：修订版（完整版）[M]. 蒋小平，张琴美，罗晶晶，译. 北京：外语教学与研究出版社，2018.
[7] 派克. 重构学习体验：以学员为中心的创新性培训技术[M]. 孙波，庞涛，胡智丰，译. 南京：江苏人民出版社，2015.
[8] 邱伟. FAST高效课程开发：培训师成长实践手册[M]. 北京：电子工业出版社，2020.
[9] 高文，徐斌艳，吴刚. 建构主义教育研究[M]. 北京：教育科学出版社，2008.
[10] 迪克，凯瑞，凯瑞. 系统化教学设计[M]. 6版. 庞维国，译. 上海：华东师范大学出版社，2007.
[11] 邓世超. AI写作：用AI倍速提升写作效率[M]. 北京：机械工业出版社，2024.